© De la edición española:

## *Editorial ELA*

Andrés Mellado, 42. 28015 Madrid. España
Tel: 91 5434781
www.libreriaargentina.com

MAQUETACIÓN: Equipo ELA

DISEÑO DE PORTADA: Equipo ELA

ISBN 978-84-85895-00-7

DEPOSITO LEGAL: M -18125- 2006

Impreso en España

*Todos los derechos reservados. No está permitida la reproducción total, ni parcial de este libro, ni la recopilación en un sistema informático, ni la transmisión por medios electrónicos, mecánicos, por fotocopias, por registro o por otros métodos posibles presentes o futuros, sin la autorización previa y por escrito de los titulares del Copyright.*

# El Pensamiento y su Poder

Edición aniversario
Más de 25.000 ejemplares vendidos

## *Swami Sivananda*
**Fundador de la Sociedad de la Vida Divina**

**Editorial ELA**

www.libreriaargentina.com

# Índice

| | |
|---|---|
| Capítulo I. El pensamiento y su poder. Física y filosofía | 7 |
| Capítulo II. El poder del pensamiento, sus leyes y su dinámica | 16 |
| Capítulo III. El valor y la utilización del poder del pensamiento | 27 |
| Capítulo IV. De las funciones de los pensamientos | 32 |
| Capítulo V. El desarrollo del poder del pensamiento | 37 |
| Capítulo VI. Los pensamientos, sus variedades y su conquista | 42 |
| Capítulo VII. Métodos positivos de control de pensamiento | 50 |
| Capítulo VIII. Los patrones de la cultura del pensamiento | 59 |
| Capítulo IX. De los pensamientos a la trascendencia del pensamiento | 68 |
| Capítulo X. La metafísica del poder del pensamiento | 73 |
| Capítulo XI. El poder del pensamiento y la realización de Dios | 82 |
| Capítulo XII. El poder del pensamiento para una nueva civilización | 86 |

Swami Sivananda nació y vivió en la India desde 1887 hasta 1963. Su obra literaria es inmensa y enriquecedora. Tan vasta y profunda, pero a la vez tan llena de cuidada y deliberada sencillez, que llega a todo tipo de personas, con independencia de su condición intelectual. Miles de personas han entrado en contacto con sus casi trescientos libros. Su mensaje no sólo apela al hombre racional y científico, la denominada comunidad intelectual, sino a los devotos, a los seguidores sinceros que ignoran las leyes, a los hombres de negocios, a los padres de familia, a los niños y a todos los seres humanos.

Un estudiante llamado Chand Narian Harkauli dio a Swami Sivananda, en los años veinte, un billete de cinco rupias para que se comprara leche, bien escaso en la dieta de los renunciantes, pero él lo destino a comprar papel y a imprimir "Brahma-Vidya" (la realización de Dios), su primer texto escrito. En el Swarg Ashram, donde vivía Swami Sivananda en esa época, el papel prácticamente no existía, utilizando para escribir, en ocasiones, envoltorios y sobres de carta vueltos. Cuando años después Swami Sivananda contemplaba su obra, siempre decía a sus estudiantes: "Veis: esta es la leche de Chand Narian"

Desde que, poco después, en 1929, escribiera su primer libro: "La práctica del Yoga", la obra de Swami Sivananda no paró de crecer. Sus libros versan sobre casi todos los ámbitos del saber, entre ellos, la metafísica, el yoga, la religión, la filosofía occidental, la psicología, la escatología, el arte, la ética, la educación y la salud. Todo ello en forma de ensayos, relatos, poesía, epístolas, teatro y biografías.

El Pensamiento y su poder es una de las obras más significativas de Swami Sivananda. La vigencia de sus reflexiones sobre el poder del pensamiento, desde sus aspectos físico y fisiológico, hasta los psicológicos, parasicológicos y sobrenaturales, es notable. Todas estas reflexiones están perfectamente hiladas en un sinfín de preceptos claros, sencillos y profundos, que reconfortan al lector a la hora de su reflexión sobre cómo educar el poder de su propio pensamiento, para hacerlo vibrar en sintonía con la Naturaleza.

La obra que el lector tiene en sus manos no es tanto un enunciado de principios para guiar al intelecto y a la razón, sino una serie de reflexiones y consejos prácticos sobre el arte de vivir y pensar espiritualmente, que van directamente al corazón de los estudiantes, más que a la inteligencia.

*"El pensamiento hace al hombre. El hombre hace a la civilización. Tras todo gran acontecimiento en la vida y en la historia del mundo, existe una poderosa fuerza del pensamiento"*, dice Swami Sivananda.

La obra de Swami Sivananda es tan amplia que pocos podrán leerla de forma sistemática y continuada. A veces es difícil saber por donde empezar. El Pensamiento y su poder es una excelente forma de iniciarnos en su literatura, siempre vigente y actualizada.

*Asociación Centro de Yoga Sivananda Vedanta, Madrid.*

# Capítulo I
## El pensamiento y su poder
## Física y filosofía

*El pensamiento supera la velocidad de la luz*

Mientras que la luz viaja a la velocidad de 300.000 kilómetros por segundo, los pensamientos la aventajan en velocidad.

El pensamiento es más etéreo que el éter, el medio donde circula la electricidad. Por la radiodifusión, podemos escuchar hermosas canciones cantadas en Calcuta, a través del aparato de radio en nuestra propia casa en Nueva Delhi y todos estos mensajes se reciben a través de la red inalámbrica. Nuestra mente es como un equipo inalámbrico.

Un santo emite ondas de paz, equilibrio, y armonía espiritual, y envía estos pensamientos de armonía y paz a todo el mundo. Pensamientos que viajan con la velocidad del rayo en todas direcciones y entran en las mentes de las personas produciendo en ellos pensamientos similares también de armonía y paz. Mientras que un hombre mundano, cuya mente está llena de celos, de venganza y de odio, emite pensamientos discordantes que penetran en las mentes de miles de personas y producen en ellas pensamientos similares de odio y discordia.

*El medio por el cual los pensamientos viajan*

Si tiramos una piedra a un tanque con agua o a una piscina, se producen una sucesión de ondas concéntricas que se mueven alrededor del lugar afectado. La luz de una vela, de forma similar, dará lugar a olas de vibraciones etéreas que viajan en todas direcciones desde la vela. De la misma manera, cuando un pensamiento, ya sea bueno o malo, pasa por la mente de una persona, da lugar a vibraciones en el "Manas", o atmósfera mental, que se mueven por todas partes y en todas las direcciones.

¿Cuál es el medio que hace posible que los pensamientos puedan viajar de una mente a otra?

La mejor explicación posible es que "Manas" o atmósfera mental, llena todo el espacio, como el éter y que sirve como vehículo para los pensamientos, igual que "Prana" es el vehículo de los sentimientos, como el éter es el vehículo para el calor, la luz y la electricidad y el aire es el vehículo para el sonido.

*El éter del espacio registra los pensamientos*

Se puede mover el mundo a través de la fuerza del pensamiento. El pensamiento tiene un gran poder y puede ser transmitido de un hombre a otro. Los poderosos pensamientos de los grandes sabios y "Rishis" de antaño todavía están registrados en el "Akasa" (registros de Akasha) y los yoguis que tienen visión clarividente pueden percibir estos pensamientos-imágenes. Pueden leerlos.

Estamos rodeados de un océano de pensamientos y estamos flotando en un océano del pensamientos, mientras que estamos absorbiendo ciertos pensamientos y rechazando otros en el mundo del pensamiento. Cada uno tenemos nuestro propio universo mental.

*Los pensamientos son cosas vivas*

Los pensamientos son cosas vivas. Un pensamiento es tan sólido como un trozo de piedra. Podemos dejar de vivir, pero nuestros pensamientos no mueren jamás. Cada cambio en el pensamiento está acompañado por una vibración de su materia (mental), ya que el pensamiento como fuerza necesita una clase especial de materia sutil para funcionar.

Cuanto más fuerte sea el pensamiento, antes fructificará. El pensamiento se enfoca y va en una dirección particular y, cuanto más enfocado y más dirigido esté un pensamiento, más eficaz será su resultado.

*Los pensamientos son fuerzas etéreas*

El pensamiento es una fuerza etérea, que nos es suministrada por los alimentos. Si lees en el "Chhandogya Upanishad", el diálogo entre "Uddalaka" y "Svetaketu", entenderás muy bien este punto.

Si el alimento es puro, el pensamiento también se vuelve puro. El que tiene pensamientos puros habla con mucha fuerza, produce una profunda impresión en las mentes de sus oyentes, e influye en miles de personas a través de sus pensamientos puros.

Un pensamiento puro es más agudo que el filo de una navaja. Ten siempre pensamientos puros, pensamientos sublimes. La cultura del pensamiento es una ciencia exacta.

*Los pensamientos como mensajes inalámbricos*

Los pensamientos de quienes albergan el odio, los celos, la venganza y la malicia, hacen de ellos personas verdaderamente muy peligrosas. Causan inquietud y mala voluntad entre los hombres. Sus pensamientos y sentimientos, son como mensajes de radio emitidos en el éter, y son recibidos por aquellos cuyas mentes responden a tales vibraciones.

El pensamiento se mueve con velocidad tremenda. Los que tienen pensamientos sublimes y piadosos ayudan a los demás, a los que están en su proximidad y también a distancia.

*Los pensamientos son poderes tremendos*

El pensamiento tiene un poder tremendo. El pensamiento puede curar enfermedades, los pensamientos pueden transformar la mentalidad de las personas, pueden hacer cualquier cosa. Se pueden hacer maravillas con el pensamiento.

La velocidad del pensamiento es inimaginable.

El pensamiento es una fuerza dinámica. Es causado por las vibraciones del Prana psíquico en la sustancia mental. Es una fuerza como la gravitación, la cohesión o la repulsión. El pensamiento viaja o se mueve.

*Ondas de pensamiento y transferencia de pensamiento*

¿Qué es este mundo, después de todo?

No es más que la materialización de las formas de pensamiento de "Hiranyagarbha" o Dios.

Al igual que se habla en la ciencia de las ondas de calor, de luz y de electricidad, también hay ondas de pensamiento en el Yoga. El pensamiento tiene un poder tremendo. Todo el mundo ha experimentando el poder de la mente inconsciente, en un mayor o menor grado.

Grandes yoguis como Ñanadev Bhartrhari y Patanjali lo utilizaban para enviar y recibir mensajes de personas distantes a través de la telepatía (radio mental), y por la transferencia del pensamiento. La telepatía fue el primer servicio de telégrafos y teléfonos conocido en el mundo.

Así como que se practican ejercicios físicos y deportes como el tenis y el cricket, a fin de mantener la salud física, tendrás que mantener la salud mental mediante la radiación de las ondas de pensamiento adecuadas, mediante la adopción de los alimentos "Sattva", por la recreación mental de una naturaleza inocente e inofensiva, el cambio del estado de ánimo, la relajación de la mente entretenida con buenos pensamientos, nobles y sublimes y cultivando el hábito de la alegría.

*Las maravillas de las vibraciones del pensamiento*

Cada pensamiento que envías es una vibración que no perece jamás y se mantiene vibrando en cada partícula del universo. Si tus pensamientos son nobles, santos y poderosos, activan las vibraciones de cada mente similar.

Inconscientemente, todas las personas que son como tu, toman la idea que has proyectado y de acuerdo con la capacidad que tengan, envían pensamientos similares. El resultado es que, sin el conocimiento de las consecuencias de tu propia obra, pones en marcha grandes fuerzas que van a trabajar juntas y a someter a los pensamientos bajos y mediocres generados por el egoísmo y la maldad.

*Diversidad de las vibraciones del pensamiento*

Cada hombre tiene su propio "mundo mental", su propio modo de pensar, sus propias formas de entender las cosas y sus propias maneras de actuar.

Así como el rostro y la voz de todos los hombres difieren, el modo de pensar y de entender también difieren. Esta es la razón por la cual fácilmente surge la incomprensión entre los amigos. Uno no es capaz de entender correctamente los puntos de vista de otro, por lo que la fricción, la ruptura y la pelea se producen en un minuto, incluso entre amigos. La amistad no dura mucho tiempo.

Uno debe estar en sintonía con las vibraciones mentales o de pensamiento del otro. Sólo entonces se podrá comprender fácilmente al otro.

Los pensamientos lujuriosos, los pensamientos de odio, los celos y el egoísmo, producen imágenes distorsionadas en la mente y causan la opacidad de la comprensión, la perversión del intelecto, la pérdida de memoria y la confusión en la mente.

*La conservación de la energía del pensamiento*

En física utilizan el término "poder de orientación", para expresar cuando la masa de la energía está ahí, pero la corriente no fluye. Debe ser conectado primero el imán y luego la corriente eléctrica fluirá a través del poder de orientación.

Del mismo modo, la energía mental que se disipa y es mal dirigida hacia distintos pensamientos mundanos, debe estar bien dirigida hacia los canales espirituales adecuados.

No guardes información inútil en tu cerebro. Aprende a sacar partido de la mente. Desaprende todo lo que no sea de ninguna utilidad para ti y a continuación, llena tu mente sólo con pensamientos divinos. Ganarás nueva fortaleza mental por los rayos mentales antes disipados y que ahora aprovechas.

*La teoría de la célula y los pensamientos*

Una célula es una masa de protoplasma con un núcleo, que está dotada de inteligencia. Algunas células secretan, mientras que otras excretan. Las células de los testículos secretan semen y las células de los riñones excretan la orina. Algunas células representan el papel de un soldado. Defienden el cuerpo contra las incursiones o ataques de materias extrañas y gérmenes venenosos, los digieren y se deshacen de ellos. Otras células transportan materiales que sirven de alimento a los tejidos y órganos.

Las células realizan su trabajo sin su volición consciente. Sus actividades están controladas por el sistema nervioso simpático y están en comunión directa con la mente en el cerebro. Cada impulso de la mente, cada pensamiento, es transportado a las células, que están muy influenciadas por las distintas condiciones o estados de la mente. Si hay confusión, depresión y otras emociones y pensamientos negativos en la mente, éstos se transmiten como si fuera un telégrafo a través de los nervios a cada célula del cuerpo. Las células-soldado se ven presas del pánico y se debilitan, por lo que no son capaces de realizar su función correctamente y se vuelven ineficaces.

Algunas personas tienen una conciencia extremada de su cuerpo, y no poseen la menor idea de su Yo. Viven vidas irregulares, son indisciplinados y llenan sus estómagos con dulces, pasteles, etc. No dan descanso a su aparato digestivo, ni a los órganos de eliminación. Sufren de debilidad física y de enfermedades. Los átomos, moléculas y células de sus cuerpos producen vibraciones discordantes o inarmónicas. No tienen esperanza, ni confianza, ni fe, ni serenidad, ni alegría. No están contentos. La fuerza vital no está funcionando correctamente en ellos. Su vitalidad se encuentra en un nivel muy bajo y su mente está llena de miedo, desesperación, preocupación y ansiedad.

*El pensamiento primitivo y la ciencia moderna*

El pensamiento es la fuerza más grande de la tierra. El pensamiento es el arma más poderosa de un yogui. El pensamiento constructivo transforma, renueva y construye.

Las posibilidades de gran alcance de esta fuerza, se desarrollaron a la perfección y con mayor precisión, por los antiguos que elevaron su uso a la más alta categoría. En efecto, el pensamiento es la fuerza primordial en el origen y fin de toda la creación, toda la génesis de la creación de los fenómenos, se produce a partir de un solo pensamiento que surgió en la mente cósmica. El mundo es la idea primigenia que se manifiesta. Este Primer Pensamiento se manifestó como una vibración que salió de la eterna quietud de la Esencia Divina. Esta es la referencia en la terminología clásica de la "Ichha", el deseo de "Hiranyagarbha", el Alma Cósmica, que se origina como una "Spandana" o vibración.

Esta vibración no es nada parecido a la oscilación rápida de un lado a otro de las partículas físicas, sino que es algo infinitamente más sutil, tan sutil como para ser aún inconcebible para una mente normal. Con esto se ha dejado claro, que todas las fuerzas son en última instancia, un estado de pura vibración. La ciencia moderna también ha llegado recientemente a esta conclusión después de sus prolongadas investigaciones en la naturaleza física externa.

*El Radio y los raros yoguis*

El Radio es un bien escaso, como los yoguis que han controlado sus pensamientos, que son también muy raros en este mundo.

Así como un dulce perfume continua emanando de una varilla de incienso, también el perfume de lo divino y la divina refulgencia (aura magnética, Brahma) se irradian desde un yogui que ha controlado sus pensamientos y que está constantemente viviendo en "Brahman" o lo Infinito. El esplendor y el perfume de su rostro es "Brahma-Varchas".

Cuando tienes en tu mano un ramo hecho de jazmines, rosas y flores Champaka, un dulce perfume invade toda la sala y les llega a todos los presentes. Pues de igual forma, el perfume o la fama y reputación (Yasas y Kirti) de un yogui, que ha controlado sus pensamientos, se extiende a su alrededor y se convierte en una fuerza cósmica.

*El pensamiento, su peso, tamaño y forma*

Cada pensamiento tiene peso, forma, tamaño, forma, color, calidad y potencia y un Yogui puede ver todos estos pensamientos directamente con su ojo yóguico interno.

Los pensamientos son como las cosas. Así como le puedes regalar una naranja a un amigo, también le puedes regalar una idea útil y poderosa y que se la lleve. El pensamiento es una gran fuerza, se mueve y crea. Tu puedes hacer maravillas con el poder del pensamiento, para ello, debes conocer la técnica correcta de manejar y manipular el pensamiento.

*El pensamiento, su forma, su nombre y color*

Supongamos que tu mente se queda perfectamente tranquila, vacía completamente, sin pensamientos. Pero, tan pronto como el pensamiento empiece a surgir, de inmediato tomará un nombre y una forma.

Cada pensamiento tiene un cierto nombre y una cierta forma. Así encontramos que todas las ideas que el hombre tiene o puede tener, deben estar conectadas con cierta palabra como su contraparte. La forma es la parte más grosera y el nombre el estado más sutil, de una sola potencia que se manifiesta, llamada pensamiento.

Sin embargo, estos tres son uno, siempre que haya uno, los otros dos también estarán allí. Donde hay nombre, hay forma y hay pensamiento.

Un pensamiento espiritual tiene color amarillo. Un pensamiento cargado de ira y de odio es de un color rojo oscuro, un pensamiento egoísta es de color marrón y así sucesivamente.

*El pensamiento, su poder, obras y usos*

El pensamiento es un elemento vital, es la fuerza más vital, sutil e irresistible que existe en el universo. A través de la instrumentación del pensamiento se adquiere el poder creativo. El pensamiento pasa de un hombre a otro e influye en las personas. Un hombre de pensamiento de gran alcance puede influir con facilidad a la gente de pensamientos débiles. Hay libros numerosos en la actualidad sobre la cultura del pensamiento, su poder y la dinámica del pensamiento. Un estudio de ellos te dará una comprensión global del pensamiento, de su poder, de su funcionamiento y utilidad.

*Vivimos en un mundo sin límite de pensamientos*

El pensamiento es lo único que existe en el mundo, los grandes dolores, la vejez, la muerte, el gran pecado, la tierra, el agua, el fuego, el aire y el éter, son pensamientos. El pensamiento se une al hombre y aquel que ha controlado sus pensamientos, es un Dios verdadero en este mundo.

Vivimos en un mundo de pensamientos. En primer lugar se piensa y luego se expresa ese pensamiento a través de la palabra. Pensamiento y lenguaje están íntimamente conectados.

Los pensamientos de ira, amargura y malicia hacen daño a otros, pero si la mente, que es la causa de todos los pensamientos se desvanece, los objetos externos desaparecerán.

Los pensamientos son cosas. El sonido, el tacto, la forma, el sabor, el olor, las cinco envolturas, la vigilia, el sueño, el sueño profundo y todos los estados, son productos de la mente. "Sankalpa", la pasión, la ira, la servidumbre y el tiempo, son el resultado de la mente. La mente es el rey de los "Indriyas" o sentidos.

El pensamiento es la raíz de todo proceso mental. Los pensamientos que percibimos a nuestro alrededor son sólo la mente con forma o de fondo. El pensamiento crea y el pensamiento destruye. La amargura y la dulzura no se encuentran en los objetos, sino que están en la mente, en el pensamiento, son creadas por el pensamiento. A través del juego de la mente o por el pensamiento de los objetos, lo próximo parece estar a una gran distancia y viceversa. Todos los objetos de este mundo son ajenos entre sí, no están unidos y ligados, están juntos sólo por el pensamiento, por la imaginación de tu mente. Es la mente la que le da el color, la forma, y las cualidades a los objetos.

La mente asume la forma de cualquier objeto sobre el que piensa intensamente. Amigo y enemigo, virtud y vicio están en la mente solamente. Todo hombre crea un mundo de bien y de mal, de placer y de dolor, solamente en su propia imaginación. El bien y el mal, y el placer y el dolor, no proceden de los objetos, sino que pertenecen a la actitud de tu mente. No hay nada bueno, ni agradable en este mundo, tu imaginación lo hace así, tus pensamientos lo hacen así.

*Los pensamientos, la electricidad y la filosofía*

Los pensamientos son gigantescos poderes, son más poderosos que la electricidad. Controlan tu vida, modelan tu carácter y dan forma a tu destino.

Observa cómo un pensamiento se convierte en muchos pensamientos, en un corto período de tiempo. Supongamos que tienes la idea de irte a merendar con tus amigos. El pensamiento del "té" invitará instantáneamente a los pensamientos de azúcar, leche, tazas de té, mesas, sillas, mantel, servilletas, cucharas, pasteles, galletas, etc... Así vemos, que este mundo no es más que la expansión de los pensamientos.

La expansión de los pensamientos de la mente hacia los objetos es esclavitud y la renuncia a los pensamientos es liberación.

Debes estar muy atento para erradicar los pensamientos de raíz, porque sólo así vas a ser realmente feliz. La mente emplea trucos y juega y tu debes entender su naturaleza, formas y hábitos, porque sólo de esta forma la podrás controlar muy fácilmente.

El libro más extraordinario del mundo, de idealismo práctico y filosófico de la India, es el "Yoga Vasishtha". La esencia de esta obra es la siguiente:

"El Brahman no dual o el alma inmortal, existe por sí solo. Este universo como universo no existe. El conocimiento del Ser, es lo único que nos liberará de esta ronda de nacimientos y defunciones.

La extinción de los pensamientos y "Vasanas" es "Moksha". La expansión de la mente por sí sola es "Sankalpa". "Sankalpa" o el pensamiento, a través de su poder de diferenciación genera este universo. Este mundo es una obra del juego de la mente. Este mundo no existe en los tres períodos de tiempo. La extinción de "Sankalpas" es "Moksha".

Aniquila este pequeño "yo", los "Vasanas", los "Sankalpas", y los pensamientos. Medita en el Ser y conviértete en un "Jivanmukta".

*El mundo exterior preexiste en los pensamientos*

Cada pensamiento tiene una imagen. Una mesa es una imagen mental y algo externo.

Todo lo que se ve afuera, tiene su contrapartida en la mente. Si la pupila es una cosa pequeña y redonda que hay en el ojo y la retina es también una estructura pequeña ¿Cómo se puede ver en la estructura de la mente la imagen de una gran montaña a través de una pequeña abertura?

Esta es una maravilla de las maravillas: La imagen de la montaña ya existe en la mente, porque la mente es como una extensa capa de tela que contiene todas las imágenes de los objetos que se ven fuera.

*El mundo es una proyección del pensamiento*

Una cuidadosa reflexión demostrará que todo el universo es en realidad la proyección de la mente humana "Manomatram Jagat".

La purificación y el control de la mente, es el objetivo central de todos los yogas. La mente en sí misma no es más que un registro de las impresiones que se expresan sin cesar en forma de impulsos y pensamientos. La mente es la que hace todo. El pensamiento impulsa a la acción, a la actividad y crea impresiones frescas en la mente materia.

El yoga, golpea en la raíz misma de este círculo vicioso, por el método efectivo de la inhibición de las funciones de la mente. Con el yoga, se controla y se detiene de raíz la función de la mente, es decir, el pensamiento. Cuando el pensamiento se trasciende, la intuición funciona y sobreviene el auto-conocimiento.

El pensamiento tiene la capacidad de crear o deshacer el mundo en un abrir y cerrar de ojos. La mente crea el mundo de acuerdo a su propio "Sankalpa" o pensamiento. Es la mente la que crea este universo, (Manomatram Jagat; Manahkalpitam Jagat). A través del juego de la mente, un "Kalpa" es considerado por ella como un momento, y viceversa. Como un sueño generando otro sueño, la mente no tiene forma visible pero genera existencias visibles.

*Los pensamientos, el mundo y la realidad intemporal*

Es la mente la causa raíz del árbol del "Samsara" con sus miles de brotes, ramas, hojas tiernas y frutos. Si se aniquila a los pensamientos, se puede destruir a la vez el árbol del "Samsara".

Destruye los pensamientos tan pronto como se presenten. La raíz se secará a través de la aniquilación de los pensamientos, y el árbol del "Samsara" se marchitará pronto.

Esto exige paciencia y perseverancia. Te bañarás en el mar de la felicidad cuando todos los pensamientos sean extirpados. Este estado es indescriptible y lo tienes que experimentar por ti mismo.

Al igual que el fuego se absorbe en su origen cuando el combustible se quema, así también, la mente se absorbe en su fuente, el "Atman", cuando todos los "Sankalpas" o pensamientos son aniquilados. A continuación, se alcanza "Kaivalya", la experiencia de la realidad intemporal, el estado de absoluta independencia.

## Capítulo II
## El poder del pensamiento, sus leyes y su dinámica

*El Arquitecto del destino*

Si la mente reside continuamente sobre un pensamiento, se forma un camino, en el que la fuerza del pensamiento se mueve automáticamente y tal hábito de pensamiento sobrevive a la muerte, porque puesto que pertenece al ego, se lleva a la posterior vida en la tierra como un pensamiento-tendencia y como una capacidad.

Conviene recordar que cada pensamiento, tiene su propia imagen mental. La esencia de las distintas imágenes mentales formadas en una vida física particular, se produce en el plano mental y constituye la base para la vida física siguiente.

Así como un nuevo cuerpo físico se forma en cada parto, así también una nueva mentalidad y una nueva "Buddhi" se forman en todos los partos.

No es fácil de explicar el funcionamiento detallado del pensamiento y del destino. Cada "Karma" produce un efecto doble, uno en la mente individual y otro en el mundo. El hombre hace las circunstancias de su vida futura por el efecto de sus acciones sobre los demás.

Cada acción tiene un pasado que conduce hasta ella, cada acción tiene un futuro que procede de ella. Una acción implica un deseo que la solicite y un pensamiento que le de forma.

Cada pensamiento es un eslabón en una cadena interminable de causas y efectos, cada efecto se convierte en una causa y cada causa ha sido un efecto. Y cada eslabón de esta cadena sin fin está hecho por la soldadura de tres componentes: el deseo, el pensamiento y la actividad. Un deseo estimula un pensamiento, y un pensamiento se encarna como un acto. Esto constituye la red del destino.

La codicia egoísta de las posesiones de los demás, aunque nunca se lleve a cabo de forma activa en el presente, hace a un ladrón en una posterior vida en la tierra; mientras que el odio y la venganza en secreto, son las semillas de las que sale un asesino.

Así que te digo de nuevo: "No anheles los frutos de la cosecha, haz como hace el filántropo y el santo, y cada pensamiento de compasión te ayudará a construir la naturaleza y a ser amigo de todas las criaturas".

El sabio "Vasishtha" le pidió a "Rama" hacer "Purushartha", o mostrar la destreza del auto-esfuerzo.

No te abandones al fatalismo. Te inducirá a la inercia y la pereza. Reconoce las grandes potencias del pensamiento y ejércelas. Por el recto pensar gana por ti mismo un gran destino. "Prarabdha" es "Purushartha" del último parto.

"Siembra una acción y cosecharás un hábito; cultiva un hábito y obtendrás un carácter. Siembra un carácter y cosecharás un destino".

El hombre es el dueño de su propio destino. Tu mismo, por el poder de tu pensamiento, creas tu destino y por eso puedes cambiarlo si lo deseas. Todas las facultades, energías y poderes están latentes en ti.

Despliégalas, y conviértete en libre y grande.

*Los pensamientos cincelan tu rostro*

Tu cara es como un disco de gramófono o una placa. Lo que tu piensas es a la vez escrito en tu cara.

Todo pensamiento vicioso sirve como un cincel o una aguja para anotar los pensamientos en tu rostro. Los rostros están cubiertos con las cicatrices y heridas hechas por los pensamientos viciosos de odio, ira, lujuria, celos, venganza, etc...

Por la naturaleza de las cicatrices de tu cara, podemos al mismo tiempo leer tu estado de ánimo y podemos a la vez diagnosticar la enfermedad de tu mente.

El que piense que puede ocultar sus pensamientos es un zopenco de primera categoría. Su posición es como la del avestruz que, cuando es perseguida por los cazadores, esconde su cabeza bajo la arena y se imagina que no puede ser vista por nadie.

La cara es el índice de la mente. La cara es el molde de la mente. Cada pensamiento deja una ranura en la cara. Un pensamiento divino ilumina la cara. Un mal pensamiento, oscurece la cara. La continuación de los pensamientos divinos incrementa el aura o halo.

La continuación de los malos pensamientos aumenta la profundidad de las impresiones oscuras, así como el continuado rozar de un cubo contra el borde de un pozo de agua, hace más y más profunda su marca en la pared. La expresión facial, anuncia el verdadero estado interno de la mente o el contenido real de la mente.

El rostro es como una publicidad en la que se anuncia lo que está pasando dentro de la mente. Los pensamientos, sentimientos, emociones y estados de ánimo, dejan sus fuertes impresiones en la cara.

En tu cara, no puedes ocultar tus pensamientos. Puedes pensar erróneamente que se han mantenido en secreto tus pensamientos, pero los pensamientos de lujuria y codicia, los celos, la ira, la venganza, el odio, etc... a la vez producen sus impresiones profundas en la cara.

La cara es un fiel grabador y un aparato muy sensible, en el que se inscriben para registrarse y grabarse todos los pensamientos que están en tu mente.

El rostro es un espejo pulido que indica la naturaleza de la mente y sus contenidos en un momento determinado.

*Los pensamientos caracterizan las expresiones*

La mente es la forma sutil de este cuerpo físico y el cuerpo físico es la manifestación de los pensamientos. Por ello, cuando la mente ha sido hecha, el cuerpo ha sido forjado también.

Igual que un hombre de aspecto rudo, por lo general, no puede invocar el amor y la misericordia de los demás; un hombre rudo de mente, tampoco puede invocar el amor y la misericordia de nadie. La mente está muy visible y refleja en la cara sus diferentes estados, que un hombre inteligente puede muy fácilmente leer.

El cuerpo sigue a la mente. Si la mente piensa en caer desde una altura, el cuerpo se prepara inmediatamente para ello y muestra determinados signos externos. El miedo, la ansiedad, la tristeza, la alegría, la risa, la ira, todos estos estados, producen sus impresiones diversas en la cara.

*Tus ojos indican tus pensamientos*

Los ojos que representan las ventanas del alma, nos hablan de la condición y el estado de la mente. Hay en ellos, una especie de instrumento telegráfico para transmitir los mensajes y pensamientos de traición, depresión, tristeza, odio, alegría, paz, armonía, salud, poder, fuerza y belleza.

Si tienes la facultad de leer los ojos de los demás, podrás leer a la vez su mente. Puedes leer el pensamiento superior o pensamiento dominante de un hombre si tienes el cuidado de fijarte en los signos en su rostro, en su conversación y en su comportamiento. Para lo que sólo necesitas un poco de coraje y perspicacia, de la formación, la inteligencia y la experiencia.

*Los pensamientos negativos envenenan la vida*

Los pensamientos de preocupación y los pensamientos de miedo son terribles fuerzas dentro de nosotros, que envenenan las fuentes mismas de la vida y destruyen la armonía, la eficiencia en el funcionamiento, la vitalidad y el vigor. Mientras que los pensamientos opuestos de alegría, felicidad y valentía, curan y alivian, en lugar de irritar y aumentan la eficiencia y multiplican los poderes mentales. Sé siempre alegre. Sonríe. Ríe.

*Los desequilibrios psico-físicos*

El pensamiento ejerce su influencia sobre el cuerpo. El luto en la mente debilita el cuerpo y también al contrario. Un cuerpo sano tiene la mente sana y si el cuerpo está enfermo, la mente también se enferma. Si el cuerpo es fuerte y sano, la mente también se convierte en fuerte y saludable.

Los ataques violentos de carácter, causan graves daños a las células cerebrales, segregan productos químicos venenosos en la sangre, producen una perdida general y la depresión y suprimen la secreción del jugo gástrico, la bilis y otros jugos digestivos en el aparato digestivo, drenan tu energía y vitalidad, inducen a la vejez prematura y acortan la vida. .

Cuando estás enfadado, la mente se perturba y del mismo modo, cuando la mente se perturba, el cuerpo también se altera. Todo el sistema nervioso se agita y te debilitas. Controla la ira por el amor. La ira es una energía poderosa que es incontrolable por la práctica del "Buddhi Vyavaharic", pero que es controlable por la razón pura (Sattva Buddhi) o "Viveka Vichara".

*Los poderes creativos del pensamiento*

El pensamiento crea el mundo. El pensamiento hace que las cosas lleguen a la existencia. Los pensamientos desarrollan los deseos y excitan las pasiones. Por lo tanto, los pensamientos opuestos, matan a los deseos y a las pasiones y contrarrestan la idea anterior de la satisfacción de los deseos. Así que cuando una persona está impresionada con algo, un pensamiento contrario la ayudará a destruir sus deseos y pasiones.

Piensa en una persona como un buen amigo tuyo y esta idea se hará realidad. Piensa en él como tu enemigo, y también tu mente hará que tu pensamiento se convierta en una realidad. El que conoce el funcionamiento de la mente y la ha controlado por la práctica es realmente feliz.

*Los pensamientos similares se atraen entre sí*

En el mundo del pensamiento también funciona la gran ley que dice: "Lo igual atrae lo igual". Las personas de pensamientos similares se atraen el uno hacia el otro. Esta es la razón de las siguientes máximas: "Los pájaros del mismo plumaje vuelan juntos", "Un hombre es conocido por la compañía que tiene".

Un médico se siente atraído hacia un médico, un poeta tiene atracción por otro poeta, un cantante ama a otro cantante, a un filósofo le gusta otro filósofo, a un vagabundo le gusta un vagabundo... La mente tiene un "poder de atracción".

Estás continuamente atrayendo hacia ti, la parte visible y la oculta de las fuerzas vitales, pensamientos, influencias y condiciones más parecidas a las de tus propios pensamientos y líneas de actuación.

En el reino del pensamiento, las personas de pensamientos similares se atraen el uno al otro. Esta ley universal está operando continuamente seamos conscientes de ello o no.

Lleva cualquier tipo de pensamiento agradable contigo y siempre y cuando lo conserves, no importa que recorras toda la tierra o vayas por mar, sin cesar atraerás hacia ti mismo, a sabiendas o sin darte cuenta, sólo y exactamente, lo que corresponda a la propia cualidad dominante de ese pensamiento.

Los pensamientos son tu propiedad privada y se pueden regular a tu gusto en su totalidad, por el reconocimiento de tu constante capacidad para hacerlo. Tienes todo en tus manos para determinar el orden de pensamiento, que quieres mantener y por lo tanto el orden de influencia que atraerás y esto no es un simple resultado de las circunstancias, a no ser que tu decidas que así sea.

*La gripe y el contagio de pensamientos*

Las acciones mentales son acciones reales. El pensamiento es una acción real, es una fuerza dinámica. Cabe recordar, que el pensamiento es muy contagioso, es más, más contagioso que la gripe.

Una idea simpática en ti, plantea una idea simpática en otros con los cuales entras en contacto y un pensamiento de ira produce una vibración similar en aquellos que rodean a un hombre enfadado, deja el cerebro de un hombre y entra en el cerebro de otros que viven a gran distancia y los excita.

Un pensamiento alegre, produce pensamientos alegres en otros. Tu te llenas de gozo y de una alegría intensa, cuando ves a un grupo de niños divertidos jugando y bailando con alegría.

Un pensamiento de alegría en nosotros crea un pensamiento de alegría en los demás. Lo mismo ocurre con los pensamientos sublimes y elevados.

Mantén a un hombre bueno y honesto, en compañía de un ladrón y comenzará a robar. Mantén un hombre sobrio en compañía de un borracho y comenzará a beber. El pensamiento es muy contagioso.

*La aplicación de una ley psicológica*

Mantén el corazón joven. No pienses: "Me he hecho viejo." Pensar "Me he hecho viejo" es un mal hábito. No te quedes con este pensamiento. A los 60, piensa "tengo 16". Lo que pienses, en eso te conviertes. Esta es una ley psicológica.

"Como un hombre piensa así, llega a ser". Esta es una gran verdad o la verdad de Perogrullo. Piensa: "Yo soy fuerte", y te volverás fuerte. Piensa: "Soy débil", y te volverás débil. Piensa: "Yo soy un tonto," y te volverás tonto. Piensa: "Yo soy un sabio o Dios", y te volverás sabio o Dios.

El pensamiento da forma y moldea a un hombre. El hombre vive siempre en un mundo de pensamientos. Cada hombre tiene su propia idea del mundo y la imaginación funciona de maravilla.

El pensamiento tiene una fuerza tremenda y como ya se dijo, es una cosa sólida. Tu presente es el resultado de tus pensamientos del pasado y tu futuro será de acuerdo a sus pensamientos actuales. Si piensas de forma recta, hablarás de forma recta y actuarás correctamente. El discurso y la acción sólo tienen que seguir a los pensamientos.

*Entiende las leyes del pensamiento*

Todo hombre debería tener una amplia comprensión de las leyes del pensamiento y sus operaciones, porque sólo entonces podrá vivir en este mundo sin problemas y con alegría, pudiendo utilizar las fuerzas que le ayudan a servir a sus fines de la mejor manera posible.

Se puede neutralizar a las fuerzas hostiles o corrientes antagónicas, al igual que el pez nada en contra de la corriente, por lo que tu también serás capaz de ir contra de las corrientes hostiles, de la forma adecuada y protegerte a través de los métodos adecuados de precaución. De lo contrario te convertirás en un esclavo y te moverás de aquí para allá, sin poder hacer nada, movido por varias corrientes. Irás a la deriva, como una tabla de madera en un río y serás siempre muy miserable e infeliz, a pesar de que seas rico y poseas todo.

El capitán de un barco de vapor, que lleva una brújula, que tiene conocimiento del mar, de las rutas y de las corrientes oceánicas puede navegar sin problemas. De lo contrario su vapor iría de aquí para allá, sin poder hacer nada, y sería destruido al estrellarse contra unos témpanos de hielo o unas rocas. Del mismo modo, un marinero sabio en el océano de esta vida, que tenga un conocimiento detallado de las leyes del pensamiento y de la naturaleza, podrá navegar sin problemas y llegar a la meta de su vida positivamente.

La comprensión de las leyes del pensamiento, puede moldear o dar forma a tu personalidad en cualquier forma que desees. El dicho común, de: "En lo que un hombre piensa, en eso se convertirá", es una de las grandes leyes del pensamiento. ¿Crees que eres puro?, en puro te convertirás. ¿Crees que eres noble?, en noble te convertirás.

Conviértete en una forma de realización de la naturaleza buena. Piensa bien de todos. Realiza acciones siempre buenas. Sirve, ama, da. Haz felices a los demás. Vive para servir a los demás. Y a continuación, obtendrás la felicidad. Recibirás las circunstancias favorables, las oportunidades y los entornos adecuados.

Si haces daño a otros, si obras con maledicencia, te haces eco de rumores o calumnias, si explotas a otros, si adquieres la propiedad de otros por malos medios, si realizas cualquier acción que pueda dar dolor a los demás, conseguirás el dolor. Recibirás las circunstancias desfavorables, las oportunidades y los entornos adecuados. Esta es la ley del pensamiento y la naturaleza.

Así como puedes construirte un carácter bueno o malo por el pensamiento sublime, también puedes dar forma a las circunstancias favorables o desfavorables al hacer acciones buenas o malas.

Un hombre discriminante, está siempre atento, vigilante y perspicaz.

Siempre observa cuidadosamente sus pensamientos. Practica la introspección y sabe lo que está pasando en su fábrica mental, que "Vritti" o "Guna" se está imponiendo en un momento determinado. Nunca permite a cualquier mal pensamiento pasar de las puertas de su fábrica mental, los elimina cuando aún son un brote.

Por su buen pensamiento, observando a la naturaleza de sus pensamientos, por la introspección, por el pensamiento noble y activo, el hombre discriminante se crea su noble carácter y forma su alto destino. Es cuidadoso en sus palabras y habla poco, con palabras de amor y unca pronuncia cualquier tipo de palabras duras que puedan afectar a los sentimientos de los demás.

Desarrolla la paciencia, la misericordia y el amor universal. Trata de hablar con la verdad y de este modo controla la "Vak-Indriya" y los impulsos de sus palabras. Utiliza palabras mesuradas y escribe con medida, lo que produce una impresión muy profunda y favorable en las mentes de las personas.

Practica "Ahimsa" y castidad en pensamiento, palabra y obra. Practica "Saucha" y "Rajaba" (rectitud). Trata de mantener el equilibrio de la mente y estar siempre alegre. Mantiene "Suddha-Bhava". Trata de conseguir estas tres clases de "Tapas" (física, verbal y mental), y controla sus acciones. No puede pensar nada malo, ni puede hacer cualquier acción mala y se prepara para obtener las circunstancias siempre favorables.

El que extiende la felicidad, siempre obtendrá unas circunstancias tan favorables como las que puede traer la felicidad. El que extiende el dolor a los demás, sin duda, obtendrá de acuerdo a la ley del pensamiento tales circunstancias desfavorables, que le traerán tristeza y dolor. Por lo tanto, el hombre crea su propio carácter y sus circunstancias, por la manera de su propio pensamiento.

Un mal carácter puede transformarse en uno bueno, por los buenos pensamientos, y unas circunstancias desfavorables se pueden cambiar en circunstancias favorables, haciendo buenas acciones.

*Las leyes implícitas en los pensamientos*

"En lo que piensas, en eso te conviertes". Como sean tus pensamientos, así será tu vida. Mejora tu forma de pensar. Mejores pensamientos traen mejores acciones.

El mero pensamiento de los objetos de este mundo es el dolor. El dolor es causado por el mismo acto del pensamiento. El pensamiento puro es una fuerza más poderosa que la electricidad.

La mente que se siente atraída por los objetos de los sentidos, tiende a la esclavitud, mientras que la que no está tan atraída, tiende a la emancipación. La mente es un ladrón, mata pues a esta forma de pensar asaltante. Serás feliz y libre para siempre. Manifiesta toda tu fuerza en la tarea de conquistar tu mente. Esta es la hombría verdadera o "Purushartha".

La auto-negación es un medio para la purificación y el refinamiento de la mente. Purifica los pensamientos. Las capas de ignorancia que cubren el conocimiento, no se eliminarán sin una mente en calma.

La parte sutil de los alimentos forma la mente. La mente se fabrica en los alimentos. La parte sutil de la comida se transforma en la mente. Los alimentos no son simplemente lo que comemos, sino con lo que nos reunimos a través de todos nuestros sentidos.

Aprende a ver a Dios en todas partes. Este es un verdadero alimento para la vista. La pureza de pensamiento depende de la pureza de los alimentos. Podrás ver mejor, escuchar mejor, saborear mejor y pensar mejor, cuando tengas sublimes pensamientos divinos.

Mira un objeto a través de un cristal verde o rojo, y el objeto parecerá de color verde o rojo. Del mismo modo, los objetos son coloreados por los deseos a través del espejo de la mente. Todos los estados mentales son transitorios, y producen dolor y tristeza.

Ten libertad de pensamiento. Libérate de la esclavitud del prejuicio que embota la inteligencia y el pensamiento. Piensa en el "Atman" inmortal. Este es el método correcto de pensamiento directo y original.

El "Atman" se revela después de la purificación de los pensamientos. Cuando la mente está serena, sin ningún deseo, sin ningún motivo, sin ningún anhelo o pensamiento, sin coacción alguna y sin esperanza, entonces el supremo "Atman" brilla. Es la experiencia de la Bienaventuranza.

Vive de la manera en la que viven los santos. Esta es la única forma de obtener la victoria sobre los pensamientos, la mente y el yo inferior. Hasta que no hayas conquistado la mente, no puede haber victoria segura y permanente.

### El pensamiento como un Boomerang

Ten cuidado con tus pensamientos. Cualquier cosa que envíes fuera de tu mente, vuelve a ti. Cada pensamiento que tenemos, es como un boomerang.

Si odias a otro, el odio se volverá contra ti. Si amas a los demás, el amor vendrá de nuevo a ti.

Un mal pensamiento es tres veces maldito. En primer lugar, daña el pensador haciendo daño a su cuerpo mental. En segundo lugar, daña a la persona que es su objeto. Por último, perjudica a toda la humanidad por viciar la atmósfera mental general.

Cada mal pensamiento es como una espada desenvainada en la persona a quien va dirigido. Si mantienes pensamientos de odio, eres realmente el asesino de ese hombre contra quien tienes pensamientos de odio. Y tu mismo te suicidas, ya que estos pensamientos volverán sobre ti. Una mente habitada por los malos pensamientos actúa como un imán atrayendo pensamientos similares de los demás y por lo tanto se intensifica el mal original.

Los malos pensamientos arrojados al universo mental, envenenan las mentes receptivas. Detenerte en un mal pensamiento, poco a poco te priva de su repulsivo aspecto y te impulsa a llevar a cabo la acción que lo encarna.

*Los pensamientos y las olas del mar*

Los pensamientos son como las olas de un océano, son incontables, y puedes llegar a desesperarte al comienzo de tu intento de conquistarlos.

Algunos pensamientos disminuirán, mientras que otros pensamientos brotarán como un torrente. Los mismos viejos pensamientos que fueron suprimidos una vez, pueden mostrar de nuevo sus rostros después de algún tiempo. Nunca te desanimes en cualquier etapa de la práctica. Seguramente obtendrás la fuerza espiritual interior. Estás obligado a tener éxito al final. Todos los yoguis de antaño encontraron las mismas dificultades que tú estás experimentando ahora.

El proceso de destrucción de las modificaciones mentales es difícil y largo. Todos los pensamientos no pueden ser destruidos en un día o dos. No debes renunciar a la práctica de la eliminación de los pensamientos, cuando te encuentres con algunas dificultades u obstáculos.

Tu primer intento debe ir dirigido a reducir tus necesidades y deseos. Reduce tus necesidades y deseos, y a continuación, los pensamientos se reducirán por sí mismos. Poco a poco todos los pensamientos serán extirpados.

*El color y la influencia de los pensamientos santos*

El Buda declaró: "Todo lo que somos está formado por nuestros pensamientos". Son nuestros pensamientos los que hacen que el ciclo de nacimientos. Por lo tanto, siempre debemos tratar de purificar nuestros pensamientos.

Cuando vamos a sentarnos cerca de un sabio, sentimos una tranquilidad única, pero si estamos en compañía de una persona mala y egoísta, nos sentimos incómodos. Es debido a las vibraciones de la paz y la serenidad que emanan del aura del sabio, mientras que desde el aura de la persona egoísta emanan vibraciones de pensamientos malos y egoístas.

El segundo efecto del pensamiento es la creación de una forma definida. La calidad y la naturaleza de un pensamiento determina, el color y la claridad de la forma de pensamiento. Una forma de pensamiento es una entidad viva y tiene una fuerte tendencia a llevar a cabo la intención del pensador.

Las formas de pensamiento azul denotan devoción. La forma de pensamiento de la renuncia a sí mismo es del más bello azul pálido con una luz blanca y brillante pasando a través de ella. Las formas de pensamiento de egoísmo, orgullo e ira son de color gris-marrón, naranja y rojo, respectivamente. Siempre estamos rodeados de estas formas de pensamiento y nuestras mentes se ven seriamente afectadas por ellas. Ni una cuarta parte de nuestros pensamientos son nuestros, sino que simplemente los tomamos de la atmósfera y la mayoría de ellos son de naturaleza maligna. Por lo tanto, siempre debes pronunciar el nombre de Dios mentalmente, que siempre nos va a proteger de su mala influencia.

### El aura y la dinámica de una mente desarrollada

Especialmente, alrededor de las mentes con un poder de pensamiento altamente desarrollado, percibimos el fenómeno manifiesto de un aura poderosa.

La influencia palpable de una mente muy desarrollada ante una mente poco desarrollada, debe de ser especialmente remarcado. No es posible proporcionar una descripción de lo que es estar en la presencia de un maestro, o un experto desarrollado.

Sólo sentarse en su presencia, a pesar de que casi no diga una palabra, es una sensación emocionante y descubrimos los impactos de las nuevas inspiraciones que se ejercen en nuestras mentes.

Tenemos un aura mental o halo psíquico. El término sánscrito para el aura es "Tejas". Es el halo o brillo que emana del fenómeno de la mente. En aquellos que han buscado el pleno desarrollo de sus mentes, nos parece muy refulgente y está capacitado para recorrer largas distancias y afectar de la manera más beneficiosa a un gran número de personas que tienen el privilegio de estar bajo su influencia. Cabe señalar que el aura espiritual es mucho más poderosa que cualquier aura psíquica, pránica o mental.

### La dinámica de los pensamientos y los estados de ánimo

Las personas con estados de ánimo sombríos atraen hacia sí, las cosas tristes y sombrías de los pensamientos de los demás y de los registros de Akasha en el éter físico.

Las personas con esperanza y confianza, atraen a los espíritus alegres y a los pensamientos de naturaleza similar de los demás y siempre tienen éxito en sus intentos.

Las personas con estados de ánimo negativos como depresión, ira y odio hacen un daño positivo a los demás. Los infectan y llevan estas "Vrittis" destructivas a los otros. Son culpables, porque hacen un gran daño en el mundo del pensamiento.

Las personas con estados de ánimo felices y alegres son una bendición para la sociedad. Ellos traen felicidad a los demás.

Así como una mujer joven y hermosa se cubre la cara y no le gusta salir a mezclarse con los demás en la sociedad cuando tiene una llaga supurante y desagradable en las mejillas o en la nariz, tampoco deberías dejarte ver en público, ni mezclarte con tus amigos y otra gente, cuando tengas un estado de ánimo de depresión, un estado de ánimo de odio o de celos. Porque, infectas a los otros con esos estados de ánimo. Serás una amenaza para la sociedad.

*La dinámica del pensamiento en el universo*

El pensamiento en realidad deja el cerebro y se cierne alrededor nuestro. Cuando un pensamiento, sea bueno o malo, deja la mente de una persona, da lugar a vibraciones en el "Manas", o atmósfera mental, que viajan por todas partes y en todas las direcciones y también entra en el cerebro de otros.

Un sabio en una cueva del Himalaya, transmite un poderoso pensamiento a un rincón de América. El que trata de purificarse a sí mismo en una cueva, en realidad purifica el mundo, ayuda al mundo en general. Nadie puede evitar que sus pensamientos puros salgan y se transmitan a los demás si realmente los quieren.

Así como se convierte en vapor de forma continua, hasta la última gota de agua que hay sobre la superficie de la tierra y al igual que todo el vapor que se levanta se reúne en forma de nubes, todos los pensamientos que proyectes en tu propia y solitaria esquina, se montarán y flotarán en el espacio, uniéndose a pensamientos similares proyectados por los que son como tú y, al final, todos estos pensamientos santos descenderán con tremenda fuerza para subyugar a las fuerzas indeseables.

# Capítulo III
## El valor y la utilización del poder del pensamiento

*Sirve a los demás por las vibraciones del pensamiento*

Un verdadero monje o "Sannyasin", puede hacer todo a través del pensamiento y las vibraciones. Un "Sannyasin" o yogui no tiene porqué convertirse en el presidente de una asociación o en el líder de un movimiento social o político. Esta es una idea absurda y pueril.

Los hindúes han asimilado el espíritu misionero de Occidente y piden a gritos que los "sannyasins" deben salir y tomar parte en actividades sociales y políticas. Esto es un triste error.

No es necesario que un "Sannyasin", un santo, deba aparecer en un estrado para ayudar a todo el mundo, predicar y elevar las mentes de la gente. Algunos santos predican con el ejemplo. Sus vidas son una forma de realización de la enseñanza. Su vida eleva las mentes de miles de personas. Un santo es una garantía de vida de los otros para la realización de Dios. Muchos se inspiran en la visión de los santos sagrados.

Nadie puede comprobar las vibraciones de pensamiento de los santos. Sus vibraciones de pensamiento son puras y fuertes, y recorren una distancia muy larga, purifican el mundo y entran en las mentes de muchos miles de personas. No hay duda en esto.

*Los médicos pueden curar por sugestión*

Los médicos deberían tener un conocimiento profundo de la ciencia de la sugestión. Médicos sinceros y simpáticos son muy raros. Los médicos que no tienen ningún conocimiento de la sugestión, hacen más daño que bien. Matan a los pacientes y a veces innecesariamente los asustan.

Si hay un poco de tos de carácter ordinario, el médico dice: "Ahora, mi amigo, usted tiene Tuberculosis, usted debe ir a Bhowali, a Suiza o a Viena. Usted debe ponerse la inyección de la tuberculina". El pobre paciente se asusta, pero no había en absoluto ningún signo de ello. Era un caso común y corriente, un simple catarro en el pecho por la exposición al frío. Pero el paciente desarrolla realmente la tisis por el miedo y la preocupación, debido a la sugerencia mala y destructiva del médico.

El médico debería haberle dicho: "¡Oh, no es nada!. Es un simple resfriado. Va a estar bien mañana. Tómese un purgante e inhale un poco de aceite de eucalipto y reajuste su dieta. Es mejor que hoy ayune". Tal médico es Dios mismo y debe ser adorado.

Aunque un médico me puede decir ahora: "Bueno, señor, si yo lo hago así, perderé mi práctica y no podré vivir en este mundo". Esto es un error. La verdad siempre obtiene la victoria. La gente va a correr hacia aquél que sea simpático y amable, por lo que tendrás un gran éxito. Existe la curación por sugestión. Es un tratamiento sin drogas y se trata de terapias sugestivas. Por sugerencia de lo bueno y lo poderoso, se puede curar cualquier enfermedad. Tendrás que aprender esta ciencia y practicarla. Todos los médicos homeopáticos, o de los sistemas alopáticos, ayurvédicos y Unani, deben de conocer esta ciencia y pueden combinar este sistema con sus propios sistemas. Tendrán un gran éxito con esta feliz combinación.

*Los yoguis predican con la transmisión de pensamientos*

A través de sus vibraciones espirituales y su aura magnética que los verdaderos yoguis desconocidos ayudan al mundo más que los yoguis de la palestra, que predicando desde los púlpitos y las palestras, pertenecen a los hombres de espiritualidad de segundo grado, que no tienen conocimiento y que no han desarrollado las facultades paranormales y los poderes latentes en ellos.

Los grandes adeptos y Mahatmas, transmiten su mensaje a través de la telepatía para ayudar a aspirantes en diferentes rincones del mundo. Los medios de comunicación que para algunos son sobrenaturales, son bastante normales para un yogui.

*Influir en los demás por el pensamiento*

Puedes influir sobre otro hombre, sin ningún tipo de lenguaje audible. Lo que se necesita es la concentración del pensamiento que está dirigido por la voluntad. Esto es la telepatía. Este es un ejercicio para practicar la telepatía: Piensa en tu amigo o primo que vive en una tierra lejana y trae una imagen clara de su rostro a tu mente. Si tienes su foto, mírala y háblale para que te escuche. Cuando te vayas a la cama, piensa en su imagen con una intensa concentración y él te escribirá al día siguiente, más o menos, la carta deseada. Pruébalo tu mismo. No lo dudes. Te vas a quedar muy sorprendido y conseguirás el éxito y la firme convicción en la ciencia de la telepatía.

A veces, cuando estás escribiendo algo o leyendo un periódico, de repente aparece un mensaje de algún pariente cercano y de alguien querido para ti. Te ha enviado un mensaje, ha pensado en ti en serio.

Las vibraciones del pensamiento viajan más rápido que la luz o la electricidad. En tales casos, la mente subconsciente recibe los mensajes o impresiones y las transmite a la mente consciente.

*La variada utilidad del poder del pensamiento*

La ciencia del poder del pensamiento es muy interesante y sutil. Este mundo del pensamiento es relativamente más real que este universo físico.

El poder del pensamiento es muy grande. Cada pensamiento tuyo tiene un valor literal para ti en todas las formas posibles. La fuerza de tu cuerpo, la fuerza de tu mente, tu éxito en la vida y los placeres que das a los demás por tu trabajo, todo dependerá de la naturaleza y la calidad de tus pensamientos. Debes conocer la cultura del pensamiento y desarrollar el poder del pensamiento.

*Los poderes de tu pensamiento y su valor*

Si tienes una comprensión global del funcionamiento de las vibraciones del pensamiento, si conoces la técnica de controlar los pensamientos, si conoces el método de transmisión a distancia de pensamientos beneficiosos para los demás, mediante la formación de claras y bien definidas ondas mentales poderosas, puedes utilizar este poder del pensamiento de una forma mil veces más eficaz. El pensamiento funciona de maravilla.

Un mal pensamiento ata, y un pensamiento correcto libera. Por lo tanto, piensa correctamente y alcanza la libertad. Despliega los poderes ocultos que están escondidos en tu interior, mediante la comprensión y la realización de los poderes de la mente. Cierra los ojos. Poco a poco concéntrate. Puedes ver los objetos distantes, oír los sonidos distantes, enviar mensajes a cualquier parte, no sólo de este mundo, sino de los otros planetas, curar a miles de personas a miles de kilómetros de distancia tuya y moverte a lugares lejanos en poco tiempo.

Cree en los poderes de la mente. Ten interés, atención, voluntad, fe y concentración y obtendrás el fruto deseado. Recuerda que la mente nace del "Atman" a través de su poder "Maya" o ilusión.

*Con los pensamientos puedes lograr una misión*

Puedes ayudar a un amigo en problemas mediante la transmisión de pensamientos que le den consuelo, desde el lugar donde te encuentres. Puedes ayudar a un amigo que esté en busca de la Verdad con los pensamientos, claros y definidos de las verdades que tu conoces.

Puedes enviar a la atmósfera mental los pensamientos que elevarán, purificarán e inspirarán a todos los que sean sensibles a ellos.

Si envías un pensamiento de amor, de ayuda a otro hombre, el pensamiento sale de tu cerebro y va directamente al cerebro de ese hombre, plantea una idea similar de amor en su mente y vuelve de nuevo a ti con fuerza redoblada. Si envías un pensamiento de odio a otro hombre, te dolerá a ti y le dolerá al hombre también, volviendo de nuevo hacia ti con fuerza redoblada. Por lo tanto, entiende las leyes del pensamiento, emite sólo pensamientos de misericordia, de amor y de bondad en tu mente y se feliz siempre.

Cuando envíes un pensamiento útil para ayudar a los demás, debes tener un propósito definido, positivo y objetivo. Sólo entonces lograrás el efecto deseado, sólo entonces el pensamiento logrará un trabajo definido.

*El poder de sugestión en los pensamientos*

Debes de tener una clara comprensión de la sugestión y de sus efectos sobre la mente y debes de tener cuidado en el uso de las sugestiones. Nunca le des a nadie malas sugerencias, que tengan resultados destructivos, porque le vas a estar haciendo un gran daño y creando un perjuicio para él. Piensa bien antes de hablar.

Los maestros y profesores deben tener un conocimiento profundo de la ciencia de la sugestión y la autosugestión, porque se puede educar y promover a los estudiantes de una manera eficiente.

En el sur de la India, cuando los niños lloran en las casas, los padres les asustan diciendo: "¡Mira, Balu! Irendukannan (el hombre de los dos ojos) ha llegado. Cállate, o te voy a entregar a este hombre" ó "Puchandi" (el fantasma) ha llegado", las sugerencias de este tipo son muy destructivas y el niño se vuelve tímido.

Las mentes de los niños es tierna, elástica y flexible. Los "samskaras" son imborrables en esta edad. El cambio o la destrucción de los "samskaras" se hace imposible cuando están creciendo y cuando el niño se convierte en un hombre, se manifiesta la timidez.

Los padres deben infundir coraje a las mentes de sus hijos. Se debe decir: "Aquí hay un león. Observa al león en esta imagen. Ruge como un león. Sé valiente. Mira la imagen de "Shivaji", "Arjuna", o "Clive". Hazte un noble caballero".

En Occidente, los profesores muestran las imágenes de los campos de batalla a los niños y dicen: "¡Mira, James! Ves esta imagen de Napoleón. Mira su caballerosidad. ¿No te gustaría ser un comandante en jefe del ejército o un General de Brigada?". Infunden coraje a las mentes de los niños desde su más tierna infancia y cuando crecen, estos "samskaras" se fortalecen por otros estímulos externos.

*La práctica de la transmisión de pensamientos*

Práctica la telepatía desde una distancia corta en un principio. Es mejor practicarla por la noche, al comienzo.

Avisa a un amigo para que tenga una actitud receptiva y de concentración a las diez. Dile que se siente en "Padmasana Vajrasana" o con los ojos cerrados en un cuarto oscuro y trata de enviarle un mensaje exactamente a la hora señalada. Concéntrate en los pensamientos que deseas enviar, esto es muy importante ahora y los pensamientos dejarán tu cerebro y entrarán en el cerebro de tu amigo. Puede haber algunos errores en el inicio, aquí y allá, pero al avanzar en la práctica y conocer la técnica bien, será correcto siempre el envío y la recepción de mensajes. Más tarde, serás capaz de enviar mensajes a los diferentes rincones del mundo.

Las ondas del pensamiento varían en intensidad y fuerza. El emisor y el receptor deben practicar una gran e intensa concentración y entonces habrá fuerza en el envío de los mensajes, claridad y precisión en su recepción. Puedes comenzar a practicar la telepatía de una habitación a la habitación contigua en la misma casa. Esta ciencia es muy agradable e interesante. Se necesita práctica paciente y el "Brahmacharya" es muy esencial.

*Pensamientos subconscientes y parapsicología*

A igual que el Ganges sagrado tiene su origen en Gangotri, en el Himalaya, y corre perennemente hacia Ganga Sagar, las corrientes de pensamiento tienen su origen en el lecho de "samskaras" (impresiones) en las capas internas de la mente, en las que se insertan los "Vasanas" o deseos latentes sutiles, y fluyen de forma incesante hacia los objetos, tanto en estado de vigilia, como en estado de sueño. Incluso una locomotora, debe parar su motor para descansar, cuando sus ruedas se calientan mucho, pero este motor misterioso de la mente no deja de pensar ni un momento, no tiene descanso. La práctica de la telepatía, la lectura del pensamiento, el hipnotismo, el mesmerismo y la curación psíquica prueban claramente que la mente existe y que una mente superior puede influir y subyugar a una mente inferior. De la escritura automática y las experiencias de una persona hipnotizada, podemos inferir claramente la existencia de la mente subconsciente que trabaja las veinticuatro horas. A través del "Sadhana" espiritual, cambia los pensamientos subconscientes y tu mente y conviértete en un nuevo ser.

*El poder vigoroso de los pensamientos divinos*

¿Qué te parece que eres?
El pensamiento crea el entorno. Tus pensamientos constituyen tu mundo. Si mantienes pensamientos saludables, puedes mantener una buena salud. Si te aferras a pensamientos enfermizos, pensamientos de tejidos enfermos, pensamientos de nervios débiles, pensamientos de mal funcionamiento de los órganos o de las vísceras, nunca podrás esperar tener buena salud, belleza y armonía.

Recuerda que el cuerpo es un producto de la mente y que está bajo el control de la mente.

Si te aferras a pensamientos vigorosos, tu cuerpo también será vigoroso. Los pensamientos de amor, paz, alegría, pureza, perfección y divinidad, te hacen a ti y también a los que te rodean, perfectos y divinos. Cultiva pensamientos divinos.

# Capítulo IV
# De las funciones de los pensamientos

*El poder del pensamiento para promover una salud radiante*

El cuerpo está internamente relacionado con la mente, es una contraparte de la mente, es una forma flagrante visible de la mente sutil e invisible. Si hay dolor en un diente, en el estómago o en el oído, la mente se ve afectada y deja de pensar correctamente, se agita, inquieta y perturba.

Si hay depresión en la mente, el cuerpo tampoco puede funcionar correctamente. Los dolores que afligen el cuerpo se llaman las enfermedades secundarias, "vyadhi", mientras que los "vasanas" o deseos que afectan a la mente se denominan enfermedades mentales o primarias, "Adhi".

La salud mental es más importante que la salud física. Si la mente está sana, el cuerpo estará necesariamente sano. Si la mente es pura, si tus pensamientos son puros, estarás libre de todas las enfermedades primarias y secundarias. "Mens sana in corpore sano", mente sana en cuerpo sano.

*Los pensamientos en el desarrollo de la personalidad*

Un pensamiento sublime, eleva la mente y el corazón se expande, un pensamiento bajo excita la mente y origina mórbidos sentimientos y la oscuridad.

Los que tengan tan sólo un poco de control sobre sus pensamientos y palabras, tendrán un ambiente tranquilo, sereno, el rostro hermoso, encantador, con una voz dulce y sus ojos se volverán brillantes y lustrosos.

*Los pensamientos afectan a tu cuerpo*

Cada pensamiento, emoción o palabra produce una fuerte vibración en cada célula del cuerpo y deja allí una impresión fuerte.

Si conoces el método de controlar un pensamiento por el opuesto, entonces podrás llevar una vida feliz, con armonía, paz y poder. Un pensamiento de amor neutraliza un pensamiento de odio. Un pensamiento de coraje servirá como un poderoso antídoto contra un pensamiento de miedo.

*El poder del pensamiento cambia el destino del hombre*

"Siembra un pensamiento y cosecha una acción. Siembra una acción y cosecha un hábito. Siembra un hábito y cosecha un carácter. Siembra un carácter y cosecha un destino".

El hombre ha hecho su propio destino por su propia forma de pensar y de actuar y puede cambiar su destino, porque es el dueño de su propio destino. No hay duda de ello. Por el pensamiento y un trabajo fuerte, puede convertirse en el dueño de su destino.

Algunas personas ignorantes dicen: "El Karma lo hace todo. Es todo destino. Si estoy predestinado por mi Karma a ser así ¿por qué entonces debo esforzarme? Es mi único destino".

Esto es fatalismo. Esto generará inercia, estancamiento y miseria. Esto es haber malentendido perfectamente las leyes del Karma. Este es un argumento falaz. Un hombre inteligente no va a hacer esta pregunta. Tu has hecho tu propio destino desde tu interior, por tus pensamientos y acciones.

Tienes el libre albedrío para escoger. Tienes "Svatantrata" en acción. Un pícaro no es un pícaro eterno, para todos los tiempos. Ponlo en la compañía de un santo y cambiará en poco tiempo, pensará y actuará de una manera diferente y cambiará su destino. Se convertirá en un santo de carácter.

Dacoit Ratnakar se transformó en el sabio Valmiki. Jagai y Madai se transformaron y eran pícaros de primera clase. Puedes convertirte en un yogui o en un "jñani". Puedes crear tu destino. Puedes hacer tu Karma, en cualquier forma que desees.

Utiliza el poder del pensamiento. Piensa con rectitud, piensa noblemente. Sólo tendrás que pensar y actuar. Por el recto pensar, por el recto desear, por el recto actuar, puedes ser un sabio, un millonario. Puedes alcanzar la posición de Indra o Brahma por el recto pensamiento y la acción, consiguiendo un buen Karma. El hombre no es un ser indefenso, tiene una voluntad libre.

*Los pensamientos causan desórdenes fisiológicos*

Cada cambio en tu pensamiento produce una vibración en tu cuerpo mental, que cuando se transmite al cuerpo físico crea una actividad en la materia nerviosa del cerebro. Esta actividad en las células nerviosas produce muchos cambios eléctricos y químicos en ellas. Es pues la actividad del pensamiento, la que provoca estos cambios.

La pasión intensa, el odio, los celos amargos, la ansiedad corrosiva, y los arrebatos de mal genio, en realidad destruyen las células del cuerpo e inducen a enfermedades del corazón, el hígado, los riñones, el bazo y el estómago.

Es un punto digno de destacar con cuidado, que cada célula del cuerpo sufre o crece, recibe un impulso de vida o una pulsión de muerte, de cada pensamiento que entra en la mente, porque tiendes a convertirte en la imagen de lo que más piensas.

Cuando la mente se vuelve hacia un pensamiento particular y habita en él, una vibración definitiva de la materia se configura y, a menudo, cuanto más esta vibración es causada, tanto más se tiende a repetir, a convertirse en un hábito, para convertirse en algo automático. El cuerpo sigue a la mente e imita sus cambios. Si concentras tu pensamiento tus ojos permanecerán fijos.

*El poder del pensamiento crea ambientes*

A menudo se dice que el hombre es el resultado de las fuerzas del medio ambiente, pero esto no es cierto. No podemos creer esto, porque los hechos siempre demuestran lo contrario. Muchos de los hombres más grandes del mundo han nacido en la pobreza y en circunstancias adversas. Muchos de los que han nacido en los suburbios y alrededores sucios, se han elevado a la más alta posición en el mundo. Ellos se han ganado los laureles de la fama y se han distinguido en la política, la literatura y la poesía. Se han convertido en genios brillantes y en luces o faros del mundo. ¿Cómo se explica esto?

Sri T. Mutthuswamy Aiyar, el primer Juez indio del Tribunal Superior de Madrás, nació en la pobreza absoluta. Tuvo que estudiar por la noche bajo la luz de las farolas municipales y no tenía comida suficiente. Iba vestido con harapos, pero luchó duro y alcanzó la grandeza. Se levantó por encima de las fuerzas del medio ambiente por su fuerza de voluntad de hierro y por su determinación.

En Occidente, hijos de zapateros y pescadores se han elevado a la posición más alta. Niños que limpiaban botas en las calles, que estaban vendiendo cerveza en los bares o que cocinaban en los hoteles, se han convertido en famosos poetas y periodistas muy capaces. Johnson pasó por ambientes muy adversos. Goldsmith vivía con 40 libras al año. Sir Walter Scott fue muy pobre y no tenía un lugar donde vivir.

La vida de James Ramsay Macdonald es digna de mención. Era un hombre de gran Purushartha, que pasó de la pobreza al poder, desde el campo de trabajo a la condición de Primer Ministro de Gran Bretaña. Su primer trabajo fue repartir sobres por 10 chelines a la semana. Era demasiado pobre como para comprar té, así que bebía agua en su lugar. Su comida principal todos los días, durante meses, fue un filete de tres peniques con leche. Fue un autodidacta, que tuvo un gran interés en la política y la ciencia. Se hizo periodista, y poco a poco, a través de un esfuerzo recto (Purushartha) ascendió a la posición de Primer Ministro.

Sri Shankaracharya, el máximo exponente de la filosofía Advaita, un gigante espiritual y un genio brillante, nació en ambientes pobres, y en circunstancias desfavorables. Y hay mil y un casos como estos. Es bastante obvio, por lo tanto, que los entornos desfavorables no se pueden aniquilar el potencial de grandeza y excelencia de los futuros genios, y que uno puede disminuir los ambientes mediante la aplicación diligente, la paciencia, la perseverancia, la sinceridad, la honestidad, la integridad, la sinceridad de propósito, una voluntad de hierro y una fuerte determinación.

Todo hombre nace con sus "samskaras". La mente no es una tabula rasa o una hoja de papel en blanco. Contiene las impresiones de los pensamientos y acciones de los nacimientos anteriores. Los "samskaras" son las potencialidades latentes y estos buenos "samskaras" son activos valiosos para el hombre. A pesar de que se encuentre en ambientes desfavorables, estos "samskaras" le ofrecen protección contra las influencias extrañas, indeseables y hostiles, le ayudan en su crecimiento y evolución.

No pierdas ninguna oportunidad. Aprovecha todas las oportunidades. Cada oportunidad está hecha para tu mejora y desarrollo. Si ves a un hombre enfermo, tumbado en el borde de la carretera en una situación de indefensión, llévalo sobre tus hombros o en un vehículo al hospital más cercano y cuida de él. Dale leche caliente, té o café y lava sus piernas con la Voluntad Divina "Bhava". Siente en él al que todo lo penetra, que todo lo permea, e interpenetra, al Dios que mora en él. Ve la divinidad en el brillo de sus ojos, en sus gritos, en su voz baja, en su pulso y en el movimiento de sus pulmones.

Dios te ha dado esta oportunidad para que desarrolles la misericordia y el amor, para purificar tu corazón y para eliminar "Ghrina", el odio y los celos. A veces, si eres muy tímido, Dios te coloca en tales circunstancias en las que te verás obligado a mostrar coraje y presencia de ánimo o a poner en riesgo tu vida. Estas personalidades mundiales que se han elevado a la eminencia, han utilizado todas las oportunidades de la mejor manera. Dios moldea las mentes de los seres humanos, dándoles oportunidades.

Recuerda que en tu debilidad radica tu fuerza, debido a que estarás siempre en alerta para protegerte a ti mismo. La pobreza tiene sus propias virtudes. La pobreza infunde humildad, fortaleza, poder de resistencia y el lujo engendra la pereza, el orgullo, la debilidad, la inercia y todo tipo de malos hábitos.

No te quejes, por lo tanto, de los entornos malos. Crea tu propio mundo mental y tus entornos. Ese hombre que trata de evolucionar o crecer en ambientes adversos será un hombre muy fuerte. Nada podrá sacudirlo. Será de un material más fuerte y tendrá nervios de acero.

El hombre no es desde luego el fruto de ambientes o circunstancias. Puede controlarlos y modificarlos por su capacidad, carácter, pensamientos, buenas acciones y esfuerzos rectos (Purushartha). Un "Tivra" (intenso) "Purushartha" puede cambiar el destino. Esa es la razón por la cual Vasishtha y Bhishma han colocado a Purushartha por encima del destino. Por lo tanto, ¡queridos hermanos!, ¡Trabajad, conquistad la naturaleza y regocijaros en el eterno Atman Satchidananda!

*Los pensamientos forman el cuerpo físico*

El cuerpo con sus órganos no es otra cosa que el pensamiento. La mente contemplando al cuerpo se convierte en el propio cuerpo, y luego envuelto en ella, se ve afectado por ella.

Este cuerpo físico es el molde, por así decirlo, hecho por la mente para su propio disfrute, con su abundante energía y obteniendo con ello diferentes experiencias de este mundo a través de las cinco vías o canales de conocimiento, los cinco "Jnana-Indriyas" (órganos de conocimiento o la percepción). El cuerpo es en realidad nuestros pensamientos, estados de ánimo, convicciones y emociones objetivadas, que se hace visible a simple vista.

Todos los cuerpos tienen su asiento en la mente solamente. Sin el agua, ¿puede existir un jardín?

Es la mente la que tramita todas las empresas y es el más alto de los cuerpos. Si este cuerpo físico se disuelve, la mente toma cuerpos frescos de su agrado con gran rapidez. Si la mente se paraliza, entonces el cuerpo no va a evidenciar nuestra inteligencia.

En la mayoría de la humanidad, el pensamiento está en gran medida bajo el control del cuerpo. Sus mentes están muy poco desarrolladas, viven en "annamaya kosa", en su mayoría. Desarrollad la "Kosa vijnanamaya" a través de "vijnanamaya Kosa" (Buddhi) el control de la "Kosa Manomaya" (la mente).

La idea errónea de que somos el cuerpo es la raíz de todos los males. A través del pensamiento equivocado te identificas con el cuerpo. "Dehadhyasa" surge. Estás unida al cuerpo. Esto es "Abhimana". A continuación, "Mamata" (lo mío) surge. Te identificas con tu esposa, hijos, casa, etc... Se trata de la identificación en lo accesorio, que trae consigo la miseria, la esclavitud y el dolor.

# Capítulo V
## El desarrollo del poder del pensamiento

*La adquisición del poder del pensamiento por la pureza moral*

Un hombre que dice la verdad y tiene pureza moral, siempre tiene pensamientos de gran alcance. Aquel que ha controlado la ira tras una larga práctica, tiene un tremendo poder del pensamiento.

Si un yogui cuyo pensamiento es muy poderoso dice una sola palabra, va a producir una gran impresión en las mentes de los demás.

Las virtudes como la veracidad, la sinceridad y el trabajo, son las mejores fuentes de poder mental. La pureza lleva a la sabiduría y la inmortalidad. La pureza es de dos tipos: interna y externa, es decir mental o física.

La pureza mental es más importante, aunque la pureza física también es necesaria. Con el establecimiento de la pureza mental interna, se consigue la alegría de la mente, la mente en un solo punto, conquista los "indriyas" y genera la aptitud para la realización del Ser.

*El poder del pensamiento por la concentración*

No hay límite al poder del pensamiento humano. Cuanto mayor es la concentración de la mente humana, mayor poder se ejerce en un punto.

Los rayos de la mente se dispersan en el caso de las personas de mentalidad mundana, cuando la energía mental se disipa en varias direcciones. A efectos de una mejor concentración, estos rayos dispersos deben ser seleccionados por la práctica de la concentración y entonces la mente se debe volver hacia Dios.

Cultiva la atención, y tendrás una buena concentración. Una mente serena es apta para la concentración. Mantén la mente serena, sé siempre alegre y sólo entonces te podrás concentrar. Sé regular en tu concentración y siéntate en el mismo lugar, a la misma hora (4 a.m.).

El celibato, el "pranayama", la reducción de las necesidades y actividades, la falta de pasión, el silencio, el aislamiento, la disciplina de los sentidos, "Japa", el control de la ira, renunciar a la lectura de novelas, periódicos e ir a las salas de cine, es de gran ayuda a la concentración.

El exceso de ejercicio físico, hablar en exceso, comer demasiado, mezclarse demasiado con las personas mundanas, demasiado caminar, y demasiada indulgencia sexual, son obstáculos para la concentración.

*El poder del pensamiento por el pensamiento organizado*

Destruye el pensamiento al azar. Toma un tema y piensa en sus diferentes aspectos y caracteres. Cuando elijas un tema, nunca permitas que ningún otro pensamiento entre en tu mente consciente. Retira la mente de nuevo hacia el tema seleccionado.

Tengamos, por ejemplo, que comienzas a pensar sobre la vida y las enseñanzas de Jagadguru Adi Shankaracharya. Piensa en su lugar de nacimiento, su infancia, su carácter, su personalidad, sus virtudes, sus enseñanzas, sus escritos, su filosofía, algunas de las partes más importantes de sus obras o "Slokas", los "siddhis" que se exhiben de vez en cuando, su "Digvijaya", sus discípulos, sus cuatro "Mutts", su comentario sobre el "Gita", los "Upanishads" y los "Brahma Sutras". Piensa en todo esto con orden. Agota los pensamientos. Una y otra vez, lleva la mente a ese punto. Y a continuación, elige otro tema.

Con esta práctica, desarrollarás un pensamiento organizado. Las imágenes mentales ganarán una fuerza intensa y se convertirán en claras y bien definidas. En las personas normales las imágenes mentales son distorsionadas e indefinidas.

*El poder del pensamiento por la fuerza de voluntad*

Cada pensamiento sensual rechazado, toda tentación resistida, cada palabra áspera retenida, toda aspiración noble seguida, ayudan a desarrollar la fuerza de voluntad o la fuerza del alma, y te acercarán más y más a la meta.

Con un sentimiento fuerte, repite mentalmente: "Mi voluntad es poderosa, pura e irresistible. OM OM OM. Puedo hacer todo a través de mi voluntad. OM OM OM. Tengo una voluntad invencible. OM OM OM".

La voluntad es la dinámica de la fuerza del alma. Cuando opera, todos los poderes mentales, tales como el poder del juicio, el poder de la memoria, el poder de comprender, el poder de la conversación, el poder de razonamiento, el poder de la discriminación, el poder de la reflexión y la inferencia; todas estas cosas entran en juego al instante.

La voluntad es el rey de los poderes mentales. Cuando se representa pura e irresistible, el pensamiento y ella pueden hacer maravillas. Se convierte en impura y débil por las pasiones vulgares, el amor de los placeres y deseos. Cuanto menor sea el número de deseos, más fuerte será el poder del pensamiento y la voluntad.

Cuando la energía sexual, la energía muscular, la ira, etc..., se transmutan en la fuerza de voluntad, se controlan. No hay nada imposible en la tierra para un hombre de gran fuerza de voluntad. Al renunciar al viejo hábito de beber café, que ha controlado hasta cierto punto el sentido del gusto, se destruye un "Vasana", y se ha eliminado un deseo. Cuando te liberes de los esfuerzos para obtener el café y también del hábito de tomarlo, ganarás un poco de paz. La energía involucrada en el anhelo de café, que te agita, ahora se convertirá en fuerza de voluntad. Por cada conquista más de un deseo, por la fuerza de voluntad, y hasta llegar a quince, tu fuerza de voluntad será quince veces más fuerte y más potente. Y cada conquista, por la transmisión de fuerza a la voluntad, te ayudará a conquistar a su vez a otros deseos.

El estado de serenidad de la mente, la serenidad, la alegría, la fuerza interior, la capacidad para acometer obras difíciles, el éxito en todas las empresas, el poder de influir en la gente, una personalidad magnética y dinámica, aura magnética en la cara, unos ojos brillantes, una mirada fija, una voz poderosa, un marchar magnánimo, una naturaleza inflexible, la valentía, etc..., son algunos de los signos o síntomas que indican que nuestra voluntad es cada vez mayor.

*Recetas simples para pensar con claridad*

Las imágenes mentales del hombre común están generalmente muy distorsionadas. No sabe lo que es el pensamiento profundo, sus pensamientos están a rienda suelta y a veces tiene una gran confusión en su mente.

Sólo los pensadores, filósofos y yoguis tienen bien definidas y claras imágenes mentales y pueden ver a través de la clarividencia muy vívidamente. Los que practican la concentración y la meditación, desarrollan también fuertes y bien formadas imágenes mentales.

La mayor parte de los pensamientos no están bien conectados a la tierra, vienen y se escapan. Son, por lo tanto, vagos e indefinidos. Sus imágenes no son claras, ni fuertes, ni están bien definidas.

Tendrás que reforzarlos con un pensamiento claro, continuo y profundo. A través de "Vichara", el razonamiento, "Manana", o profunda reflexión y la meditación, tendrás que hacer que los pensamientos se establezcan y se cristalicen en una forma definida. Entonces la idea filosófica se convertirá en la empresa.

A través del pensamiento correcto, el razonamiento, la introspección y la meditación, podrás aclarar tus ideas y a continuación, la confusión se desvanecerá y los pensamientos se instalarán bien fundados.

Piensa con claridad. Aclara tus ideas una y otra vez. Realiza la introspección en soledad. Purifica tus pensamientos en un grado considerable y consigue el silencio de los pensamientos.

No permitas que la mente haga burbujas. Deja que un pensamiento de lugar a una onda y se establezca con tranquilidad. A continuación, permite que otro pensamiento entre e inicia la expulsión de todos los pensamientos extraños, que no tienen ninguna relación con el objeto que estás manejando en el momento actual.

*"Sadhana" para un pensamiento profundo y original*

La mayoría de las personas no sabe que es pensar de forma correcta y su pensamiento es poco profundo. El pensamiento profundo se da sólo en unos pocos. Los pensadores son muy pocos en este mundo.

El pensamiento profundo requiere una intensa "Sadhana" (práctica) y conlleva innumerables nacimientos para una evolución adecuada de la mente. Sólo entonces se puede pensar a fondo y correctamente.

Para obtener un pensamiento independiente y original, recurrimos a los "vedantinos". El "Vedanta Sadhana" (Manana, la reflexión) requiere un intelecto agudo. Un pensamiento fuerte y persistente, un pensamiento claro, pensando en las raíces de los problemas, en los fundamentos mismos de la situación, en los presupuestos mismos de todos los pensamientos y el ser, es la esencia misma de "Sadhana Vedanta".

Tendrás que abandonar una vieja idea, por muy fuerte que sea y por muy arraigada que esté, cuando consigas poner una idea nueva idea en su lugar.

Si no tienes valor para enfrentarte a los resultados de tu forma de pensar, de aceptar las conclusiones de tu pensamiento, lo que puede significar para ti personalmente, nunca debes tomarte la molestia de filosofar. Toma el sendero de la devoción.

*Meditación para un pensamiento aplicado y sostenido*

Como el pensamiento es una gran fuerza y conlleva a un poder tremendo, se convierte en un asunto de gran importancia el saber cómo utilizar este poder de la forma mejor posible y con el mayor resultado posible y esto puede hacerse mejor, con la práctica de la meditación.

El pensamiento aplicado guía la mente hacia el objeto y el pensamiento sostenido la mantiene continuamente en él, esto provoca la expansión y la felicidad de la mente en desarrollo, cuyos motivos para la no-distracción se han llevado a cabo por estas dos formas de pensamiento.

La meditación puede surgir cuando el pensamiento se aplica y es sostenido, entonces el éxtasis, la felicidad y el recogimiento de la mente surgen.

*Como adquirir un pensamiento creativo*

El pensamiento es una fuerza vital, la fuerza de importancia más vital, sutil e irresistible que existe en el universo.

Los pensamientos son cosas vivas, se mueven, poseen forma, tamaño, color, calidad, sustancia, poder y peso.

El pensamiento es la acción real, y se revela como una fuerza dinámica.

Un pensamiento de alegría crea simpatía, un pensamiento de alegría en los demás. El nacimiento de un noble pensamiento es un potente antídoto para contrarrestar un mal pensamiento. A través de la instrumentalización del pensamiento positivo ejercitado, llegamos a adquirir el poder creativo.

*Desarrolla la individualidad: resístete a las sugestiones*

No te dejes influir fácilmente por las sugestiones de los demás, mantén tu propio sentido de la individualidad. Una sugestión fuerte, aunque no influya inmediatamente, operará a su debido tiempo. Nunca será en vano.

Todos vivimos en un mundo de sugestiones y nuestra personalidad es modificada a diario, inconscientemente, por la asociación con otros. Inconscientemente imitamos las acciones de aquellos a quienes admiramos y diariamente absorbemos las sugerencias o sugestiones de aquellos con quienes entramos en contacto todos los días. Un hombre de mente débil se somete a las sugestiones de un hombre de mente fuerte.

El siervo está siempre bajo la influencia de los mandatos de su señor. La esposa está bajo la influencia de las sugerencias de su marido. El paciente se encuentra bajo la influencia de las sugerencias del médico. El estudiante está bajo la influencia del maestro.

La costumbre no es otra cosa que el producto de la sugestión. La ropa que te pones, tus costumbres y comportamiento e incluso los alimentos que comes, son sólo el resultado de sugerencias.

La naturaleza sugiere de varias maneras; los ríos que corren, el sol que brilla, las flores fragantes, los árboles que crecen, todos ellos sin cesar nos envían sus sugerencias.

*Poderes sobrenaturales a través del cultivo del pensamiento*

Un ocultista poderoso, hipnotiza a todo el público colectivamente a través de su poder de concentración y por su fuerte voluntad y lleva a cabo el truco de la cuerda. Lanza una cuerda roja en el aire, sugestiona a los espectadores diciendo que va a subir en el aire a través de esta cuerda y desaparece del escenario en un abrir y cerrar de ojos. Pero nada queda registrado cuando se toma una fotografía.

Comprende y aplica los poderes del pensamiento. Despliega los poderes ocultos o facultades ocultas. Cierra los ojos, y concentrado, explora las regiones superiores de la mente.

Puedes ver objetos distantes, oír voces distantes, enviar mensajes a lugares distantes, curar personas que se encuentren a distancia y moverte a un lugar distante en un abrir y cerrar de ojos.

# Capítulo VI
## Los pensamientos, sus variedades y su conquista

*Colócate por encima de los pensamientos sombríos*

Con mucho cuidado, observa todos tus pensamientos. Supón que eres asaltado por pensamientos sombríos y experimentas una depresión. Entonces, toma una pequeña taza de leche o de té y siéntate tranquilamente. Cierra los ojos, encuentra la causa de la depresión y trata de eliminarla.

El mejor método para superar los pensamientos sombríos y la depresión consiguiente, es pensar en pensamientos inspiradores y en cosas inspiradoras. Recuerda una vez más, lo positivo supera a lo negativo. Esta es una gran ley efectiva de la naturaleza.

Ahora piensa firmemente en los pensamientos opuestos, lo contrario a la oscuridad. Piensa en esas cosas que elevan la mente, piensa en la alegría. Imagínate las ventajas de la alegría y siente que te encuentras en posesión real de estas ventajas..

Una y otra vez repite la fórmula: "alegría OM", mentalmente. Siente: "Yo soy muy alegre". Comienza a sonreír y a reír en varias ocasiones y canta, porque a veces esto puede elevar rápidamente tu moral. El canto es muy beneficioso para eliminar a las sombras. Canta OM en voz alta varias veces y muévete al aire libre, la depresión se desvanecerá pronto. Este es el método "Pratipaksha Bhavana" de los raja yoguis. Este es el método más fácil.

El método de superar la depresión mediante la voluntad, por las afirmaciones, por el mandato de imponer la "voluntad", es más difícil, a pesar de que es el más eficiente. Exige de una gran fuerza de voluntad y la gente común no obtendrá éxito.

El método del desplazamiento o de la dislocación de la sensación negativa, sustituyéndolo por el sentimiento opuesto y positivo, es muy fácil, y en muy poco tiempo, se desvanece la sensación indeseable. Practica esto y siéntelo. Incluso si en varias veces no lo logras, continúa. Tendrás éxito después de algunas sesiones y algo de práctica.

Puedes tratar en la misma manera otros pensamientos y sentimientos negativos también. Si surge un sentimiento de ira, piensa en el amor. Si surgen pensamientos de celos, piensa en las ventajas de la caridad y la magnanimidad. Si surgen pensamientos de tristeza, piensa en un paisaje inspirador que viste hace algún tiempo, o recuerda a tu mente algún pasaje inspirador.

Si tienes dureza en el corazón, piensa en la misericordia. Si sientes lujuria, piensa en la ventaja del celibato. Si tienes falta de honradez, piensa en la honestidad y la integridad. Si sientes miseria, piensa en la generosidad y en las personas generosas.

Si tienes apego o "Moha", piensa en la discriminación y en el "Vichara átmico", y si tienes orgullo, piensa en la humildad. Si hay hipocresía, piensa en la franqueza y en sus ventajas inestimables. Si hay celos, piensa en la nobleza y la magnanimidad. Si hay timidez, piensa en el valor, y así sucesivamente...

Vas a expulsar a los pensamientos y sentimientos negativos, y te establecerás en un estado positivo. La práctica de forma continua es esencial. Ten cuidado en la selección de tus compañeros. Habla muy poco y sólo de materias útiles.

*La victoria sobre los pensamientos intrusos*

En el comienzo de tu práctica de control del pensamiento, puedes encontrarte con dificultades y tendrás que hacer la guerra contra ellas. Esos pensamientos, lucharán a su mejor nivel para su propia supervivencia, dirán: "Tenemos todo el derecho a permanecer en este palacio de la mente. Tenemos un monopolio exclusivo desde tiempo inmemorial para ocupar esta área. ¿Por qué debemos abandonar nuestro dominio ahora? Vamos a luchar por nuestro derecho de nacimiento hasta el final".

Van a arrojarse sobre ti con gran ferocidad y cuando te sientes a meditar solo, todo tipo de malos pensamientos surgirán. A medida que trates de suprimirlos te atacarán de nuevo, con redoblada fuerza y vigor. Pero siempre lo positivo supera a lo negativo.

Así como la oscuridad no puede resistirse al sol, al igual que el leopardo no puede presentarse ante el león, también todos estos oscuros pensamientos negativos, estos intrusos invisibles, enemigos de la paz, no pueden estar delante de los sublimes pensamientos divinos. Tienen que morir por ellos mismos.

*Aleja los pensamientos no deseados*

Aleja de tu mente todos los pensamientos innecesarios, inútiles y desagradables. Los pensamientos inútiles impiden tu crecimiento espiritual, los pensamientos desagradables son piedras de tropiezo para el avance espiritual.

Estás lejos de Dios, cuando tienes pensamientos inútiles. Sustitúyelos por pensamientos de Dios. Entretente con los pensamientos útiles que son únicos. Los pensamientos útiles son los peldaños para el crecimiento espiritual y para el progreso.

No permitas que tu mente corra por sus caminos antiguos y tenga sus propias formas y hábitos. Estate atento.

Si una piedra en la bota nos atormenta, la expulsamos. Nos quitamos la bota y la agitamos un poco. Una vez que este asunto ha sido entendido lo bastante, es igual de fácil expulsar a un pensamiento intruso y desagradable de la mente. Sobre esto no hay duda, no hay dos opiniones. La cosa es obvia, clara e inequívoca.

Debe ser tan fácil expulsar a un pensamiento desagradable de tu mente, como sacudir una piedra de tu zapato, y hasta que un hombre pueda hacer eso, no tiene sentido hablar de su ascenso, ni de la conquista sobre la naturaleza. Él es un simple esclavo y víctima de los fantasmas con alas de murciélago que revolotean por el pasillo de su cerebro.

*Dominando los pensamientos mundanos*

Los pensamientos mundanos te molestarán mucho al comienzo de tu nueva vida de cultivo de los pensamientos y también cuando lleves a la práctica la vida de meditación y espiritual. Pero, si eres regular en tu cultivo de pensamientos espirituales y en tu meditación, estos pensamientos mundanos morirán gradualmente por sí mismos.

La meditación es un fuego para quemar estos pensamientos. No trates de eliminar a todos los pensamientos mundanos y ten pensamientos positivos con respecto al objeto de tu meditación. Piensa positivamente en las cosas nobles.

Observa tu mente siempre con mucho cuidado. Mantente atento y alerta. No permitas que las ondas de la irritabilidad, los celos, la ira, el odio, la lujuria, se levanten sobre tu mente. Estas ondas oscuras y estos pensamientos mundanos son los enemigos de la meditación, la paz y la sabiduría. Conquístalos de inmediato manteniendo pensamientos sublimes divinos. Los pensamientos mundanos que se han presentado pueden ser destruidos por los buenos pensamientos de origen y con su mantenimiento en tu mente, mediante la repetición de cualquier mantra o el nombre del Señor, pensando en cualquier forma del Señor, por la práctica del "Pranayama", cantando el nombre del Señor, haciendo buenas acciones, o por la reflexión sobre la miseria que surge de los pensamientos mundanos.

Cuando alcances un estado de pureza, ningún pensamiento mundano podrá tomar su lugar en tu mente. Así como es fácil comprobar que hay un intruso o un enemigo en la puerta, también es fácil de superar un pensamiento mundano, tan pronto como se presenta. Córtalo de raíz y no permitas que quede y eche una raíz profunda.

*La conquista de los pensamientos impuros*

Cuando estás muy ocupado en tu trabajo diario, no puedes albergar ningún pensamiento impuro, pero cuando te tomas un descanso y dejas la mente en blanco, los pensamientos impuros tratan de entrar insidiosamente.

Debes tener cuidado cuando tu mente esté relajada.

Los pensamientos ganan fuerza por la repetición. Si mantienes un pensamiento impuro, aunque sea una vez, ese pensamiento impuro al igual que uno puro, tiene tendencia a repetirse de nuevo.

Los pensamientos se agolpan juntos, al igual que los pájaros del mismo plumaje vuelan juntos. Así, que si mantienes un pensamiento impuro, todo tipo de pensamientos impuros se unirán y te atacarán. Y si mantienes cualquier pensamiento bueno, todos los buenos pensamientos se unirán para ayudarte.

*Someter a los pensamientos negativos*

Aprende a someter, purificar y ordenar todos tus pensamientos. Lucha contra todos los pensamientos negativos y dudas. Que los sublimes pensamientos divinos lleguen a ti de todas partes.

Los pensamientos de depresión, fracaso, debilidad, oscuridad, dudas, temor, etc, son pensamientos negativos. Cultiva pensamientos positivos de fuerza, confianza, valentía y alegría y los pensamientos negativos desaparecerán.

Llena tu mente con pensamientos divinos, por la repetición, la oración, la meditación y el estudio de los libros sagrados. Se indiferente a todos los pensamientos negativos y no divinos y ellos pasarán. No luches con ellos. Ruega a Dios pidiendo fuerza. Lee las vidas de los santos. Estudia el "Bhagavata" y el "Ramayana". Todos los devotos han pasado por pruebas similares. Por lo tanto, no te desanimes.

*La superación de los pensamientos habituales*

Toda clase de pensamientos habituales, en relación con el cuerpo, el vestido, la comida, y así sucesivamente, deben ser superados a través de "Atma-Chintana", o la reflexión sobre la naturaleza del Ser divino dentro de nuestro propio corazón. Este no es un trabajo fácil y exige una práctica paciente, incesante y una fuerza espiritual interior.

Los "Surtís" declaran enfáticamente: "Este Atman no puede ser obtenido por personas débiles". Los aspirantes sinceros dedican todo su ser a la contemplación de lo eterno, después de haber retirado su afecto por el mundo de los objetos de los sentidos.

Los que hayan destruido las "vasanas" y los pensamientos habituales disfrutarán de su bienaventuranza final en el asiento de "Brahma", repleto de confianza, quietud e igualdad. Ellos tendrán la visión equilibrada de todo. Esta mente traviesa y potente, genera todos los dolores y los temores, todo tipo de diversidad, la heterogeneidad, las distinciones y dualidades y destruye toda la riqueza noble, y espiritual. Mata a esta mente problemática.

Cuando lo conocido y el conocimiento se funden lo uno en el otro, entonces llega la experiencia de "Ananda" (felicidad). Este es el estado de "Turiya". Entonces uno ve el "Jnana" ilimitado, el "Atman" en todas partes.

Todo tipo de distinciones y dualidades se desvanecen por completo ahora. Los pensamientos de atracción y los pensamientos de repulsión, los gustos y disgustos, "Raga" y "Dvesha" son aniquilados en su totalidad. Entonces el sabio no será consciente de la existencia del cuerpo, aunque trabaje en él. Nunca perderá su control, incluso en medio de las muchas ilusiones del mundo, como una mujer que lleva a cabo sus tareas domésticas, mientras que su mente está absorta en su amor que está lejos. El sabio tendrá siempre el centro de su mente en Brahman.

¡Que en el futuro, siempre realices sólo las acciones virtuosas que te ayudarán en la consecución de "Jnana", sin pensar en la prosperidad mundana!

¡Que vivas sumergido en el océano del placer de "Brahman", en un estado de plena iluminación, después de haber destruido todas las dualidades, las distinciones y las diferencias!

*El triunfo sobre los pensamientos sin importancia*

No trates de alejar los pensamientos sin importancia e irrelevantes. Cuanto más lo intentes, más vuelven y más se fortalecerán. Y se pondrán a prueba tu energía y voluntad.

Vuélvete indiferente. Llena tu mente con pensamientos divinos y poco a poco se desvanecerán. Consigue lo mismo establecido en "Nirvikalpa Samadhi" a través de la meditación constante.

La eliminación de la tensión en los músculos del cuerpo trae el reposo y la calma a la mente. Por la relajación le darás descanso a la mente, a los nervios y a los músculos cansados por el exceso de trabajo. Recibirás una inmensa paz en tu mente, fuerza y vigor. Al practicar la relajación del cuerpo o la mente, el cerebro no debe estar ocupado con varios tipos de pensamientos sueltos extraños. La ira, la decepción, el fracaso, la indisposición, la miseria, el dolor y las disputas causan tensión mental interna. Expúlsalos.

*Transformar el pensamiento instintivo*

El pensamiento es de cuatro clases: el pensamiento simbólico, el pensamiento intuitivo, el pensamiento impulsivo y el pensamiento habitual.

Pensar a través de las palabras es el pensamiento simbólico.

Los pensamientos del cuerpo, la comida, la bebida, el baño, etc, son el pensamiento habitual.

Los instintos son más poderosos que los impulsos. Puedes parar fácilmente el pensamiento simbólico, pero es difícil dejar de pensar instintiva e impulsivamente.

El equilibrio mental y la calma pueden ser provocados por la erradicación de la preocupación y la cólera. El temor realmente subyace por la preocupación y la ira.

Se cuidadoso y reflexivo. Todas las preocupaciones innecesarias deben ser evitadas. Piensa en el valor, la alegría, la felicidad, la paz y el contento. Siéntate durante quince minutos en un estado relajado en una posición cómoda y fácil. También puedes acostarte en un sillón. Cierra los ojos. Retira la mente de los objetos externos. Silencia la mente, silencia los pensamientos burbujeantes.

### *Disminuir el número de pensamientos habituales*

Por lo general, en personas no entrenadas, cuatro o cinco tipos de pensamientos ocupan la mente a la vez. Los pensamientos del hogar, los pensamientos e ideas de negocio o de la oficina, los pensamientos del cuerpo, los pensamientos de comida y bebida, de esperanza y de anticipación, algún tipo de planificación para conseguir dinero, algún tipo de pensamientos de venganza, algunos pensamientos habituales para responder a las llamadas de la naturaleza, bañarse, etc, ocupan la mente en un momento.

Cuando estás estudiando un libro con interés a las 3.30 p.m., la idea del placer de presenciar un partido de cricket a las 4 p.m. perturba tu estudio de vez en cuando. Sólo un yogui con mente concentrada, puede tener un solo pensamiento a la vez y puede mantenerlo siempre y cuanto tiempo como a él le guste. Si observas cuidadosamente la mente, encontrarás que muchos pensamientos son inconsistentes. La mente vaga al azar, sin rumbo fijo. Encontrarás algunos pensamientos sobre el cuerpo y sus deseos, algunos pensamientos sobre amigos, algunos pensamientos sobre la adquisición de dinero, algunos pensamientos sobre el comer y beber, algunos pensamientos de tu infancia, etc.

Si puedes estudiar tu mente y tienes pensamientos constantes de un tipo o una clase sólo, excluyendo a todos los otros tipos de pensamientos, esto en sí, ya es un logro muy grande, es un gran paso en el progreso del control del pensamiento. No te desanimes.

### *Reúne pensamientos inspiradores*

La meta de la vida es el logro de la conciencia divina. Este objetivo es la comprensión de que no eres ni este cuerpo perecedero, ni esa mente cambiante y finita, sino que eres el todo puro, siempre libre "Atman".

Recuerda siempre este inspirador del pensamiento: "Ajo-Nityah Sasvatoyam Purano": "No nacido, eterno, permanente es el venerable anciano". Ésta es tu verdadera naturaleza. No eres esta personalidad enganchada a un nombre y forma. No eres Ramaswamy o Mukherji o Mehta o Mateo o Garde o Apte, sólo has caído en este engaño, por accidente, por alguna nube pasajera de la ignorancia. ¡Despierta y date cuenta de que eres el Atman puro!.

Hay otra maravillosa idea inspiradora en los Upanishads. Es "Isavasyamidam Sarvam": "Todos los contenidos del universo vibran con la vida del Señor". Sonríe con las flores y la hierba verde, sonríe con los arbustos, helechos y ramas, desarrolla tu amistad con todos los vecinos, perros, gatos, vacas, seres humanos, árboles... de hecho, con todas las creaciones de la naturaleza. Tendrás una vida perfecta y rica.

*Reflexiona sobre los pensamientos de luz*

Si quieres desarrollar tu poder de pensamiento, si quieres construir tu personalidad y llegar a ser grande, lleva siempre contigo algunos libros de pensamientos inspiradores e iluminadores. Léelos una y otra vez, hasta que se conviertan en parte de tu acción cotidiana y de tu vida.
Aquí hay una lista de algunos pensamientos de luz, para tu reflexión:
1. Una conciencia limpia hace a un corazón y a una mente fuertes.
2. La pobreza es el hermano mayor de la pereza.
3. El Conocimiento del Ser es el mayor tesoro. La meditación es la llave del conocimiento.

*Pensamientos correctos en lugar de pensamientos incorrectos*

Los pensamientos de pasión y lujuria, deben ser conquistados por una práctica ferviente de la castidad, por la intensa aspiración a darse cuenta de la verdad, de conocer a Dios, meditando en las grandes ventajas de la pureza.
Los pensamientos de odio y de ira, deben ser controlados mediante la generación de pensamientos de amor, de perdón, de misericordia, de amistad, de paz, de paciencia y de no violencia.
El orgullo y los pensamientos relacionados con la vanidad, deben ser controlados por un examen sistemático mental del valor de cultivar la humildad. Los pensamientos de codicia, acaparamiento y de posesión, deben ser disipados por la búsqueda de la honestidad, el desinterés, la generosidad, la alegría y la no codicia. La nobleza y la magnanimidad, la complacencia y la grandeza de corazón, te ayudarán a superar a todos los pensamientos de estrechez, celos, y mezquindad. La ilusión y el entusiasmo se conquistan por el desarrollo de la discriminación. La vanidad es superada por la simplicidad, y la arrogancia por la cortesía.

*La gama de pensamientos*

Hay varios tipos de pensamientos. Hay pensamientos instintivos. Hay pensamientos visuales. Hay pensamientos auditivos (pensar en términos de sonidos). Hay pensamientos simbólicos (pensar en términos de símbolos). Estos pensamientos son habituales.
También hay pensamientos kinestésicos (pensar en términos de movimiento, como en un juego) y pensamientos emocionales.
Los pensamientos cambian de la etapa de visualización a la etapa audi-

tiva y de la audición a la kinestésica.

Hay conexión íntima entre el pensamiento y la respiración, ya que existe una relación estrecha entre la mente y el Prana. Cuando la mente está concentrada, la respiración se vuelve lenta y si uno piensa muy rápido, también la respiración se convierte en rápida. La máquina de lectura del pensamiento conocida como psicógrafo, registra correctamente cada tipo de pensamientos.

*Pensamientos bajos y de desarrollo moral*

Los pensamientos no controlados son las raíces de todos los males. Cada pensamiento por sí mismo es extremadamente débil, porque la mente está generalmente distraída por incontables pensamientos y siempre cambiantes.

Cuanto más restringidos están los pensamientos, más está la mente concentrada, y por lo tanto más se gana en fuerza y poder.

Es un trabajo paciente el destruir los pensamientos que están por debajo de la media, los malos pensamientos, pero la mejor manera es la de utilizar los pensamientos sublimes, es el método más fácil y rápido de destruir los pensamientos malos.

Los ignorantes de las leyes del pensamiento, el individuo mundano cae presa de todo tipo de pensamientos, de pensamientos de odio, de ira, de venganza, de lujuria, y su voluntad hace débil, deficiente en capacidad de discernimiento, y se convierte en un esclavo de los mecanismos sutiles adversos de la mente.

El mejor método de obtener el poder mental es entretener a la mente con pensamientos sublimes, nobles y buenos y ayudarla a través del control de la disipación, de la distracción, de la diversificación, de los pensamientos mundanos y bajos.

Cuando un mal pensamiento acosa la mente, el mejor método de conquista es ignorándolo.

¿Cómo podemos ignorar un mal pensamiento?

Olvidándolo.

¿Cómo olvidarlo?

No cayendo en él otra vez, y también por no cavilar sobre el.

¿Cómo podemos evitar que la mente caiga de nuevo en él o cavile sobre él?

Pensando en algo muy interesante, algo sublime e inspirador.

Ignora, olvida, y piensa en algo inspirador, estos tres elementos, constituyen el gran "sadhana" para establecer el dominio sobre los malos pensamientos.

# Capítulo VII
## Métodos positivos de control de pensamiento

### Control del pensamiento mediante la práctica de la concentración

...cia a los pensamientos burbujeantes. Calma las emociones que surgen. Concéntrate en una forma concreta, al principio. Concéntrate en una flor, en la forma del Señor Buda, en cualquier imagen de ensueño, en la refulgente luz del corazón, en la imagen de algún santo, o en tu "Ishta Devata".

Ten tres o cuatro sesiones, por la mañana temprano, a las 8 a.m., a las 4 p.m. y a las 8 p.m. Los devotos se concentran en el corazón, los raja yoguis en el "Trikuti" (el asiento de la mente), los vedantinos en el Absoluto. El "Trikuti" es el espacio entre las cejas.

También puedes concentrarte en la punta de la nariz, el ombligo, o en el "Muladhara" (por debajo de la última vértebra de la columna vertebral).

Cuando los pensamientos irrelevantes entren en tu mente, se indiferente y ellos pasarán. No los muevas a la fuerza, porque persisten y se resisten. Se pondrá a prueba tu voluntad y entrarán con fuerza redoblada. Sustitúyelos con pensamientos divinos y los pensamientos irrelevantes poco a poco se desvanecerán. Se gradual y constante en la práctica de la concentración.

La concentración se practica para detener la modificación de la mente. La concentración es mantener a la mente en una forma o en un objeto durante un largo tiempo. Para eliminar la agitación de la mente y otros varios obstáculos que se interponen en el camino, debe hacerse la práctica de la concentración en una sola cosa.

La concentración se opone a los pensamientos sensuales y a los deseos, la alegría se opone al miedo y a la preocupación, el pensamiento sostenido se opone a la perplejidad, el pensamiento aplicado se opone a la pereza y la apatía, y el éxtasis se opone a la mala voluntad.

Es fácil concentrar la mente en los objetos externos. La mente tiene una tendencia natural a ir hacia el exterior. Coloca la imagen de Sri Krishna, de Rama, de Narayana, de Devi, del Señor Jesús o una imagen cualquiera, frente a ti y mírala fijamente sin parpadear. Mira su cabeza y luego su cuerpo, a continuación sus piernas. Repite el mismo proceso una y otra vez y cuando tu mente se calme, mira a un punto en particular solamente, y a continuación, cierra los ojos y mentalmente visualiza la imagen.

Debes ser capaz de visualizar la imagen con claridad, incluso en su ausencia. Tendrá que ser capaz de llamar a la imagen mental en cualquier momento y mantenerla allí constantemente durante algún tiempo. Esto es la concentración y tendrás que practicarla a diario.

Si deseas aumentar tu poder de concentración, tendrás que reducir tus deseos mundanos y tus actividades, tendrás que observar el silencio todos los días durante algunas horas y sólo entonces la mente se podrá concentrar muy fácilmente y sin dificultad. En la concentración solo hay un pensamiento o una onda. La mente asume la forma de un solo objeto y todas las demás operaciones de la mente se suspenden.

*El control del pensamiento por una actitud positiva*

Trata de adquirir el poder de cerrarte a ti mismo contra los pensamientos y las influencias negativas o no deseadas, haciéndote a ti mismo positivo, por una actitud particular de la mente. De este modo, podrás ser receptivo a todos los impulsos superiores de dentro del alma y para todas las fuerzas y las influencias más elevadas del exterior. Hazte una sugerencia a ti mismo: "Me cierro, me hago positivo a todas las cosas de abajo y abierto y receptivo a todas las influencias superiores, a todas las cosas de arriba". Al tomar a menudo esta actitud de la mente, de manera consciente, muy pronto se convertirá en un hábito.

El paso de todas las influencias inferiores e indeseables de la vida, las que se ven y las que están ocultas, se cerrará, mientras que todas las influencias elevadas y buenas, serán invitadas a entrar y en la medida en que se las invita, van a entrar. En la mente no hay dudas, hay realidad. Una de las dudas que surge es "si hay un Dios o no". A esto se denomina "Samsaya-Bhavana". Otra duda que surge es "si puedo o no darme cuenta de Brahman". Y otra voz dice: "Dios o Brahman es real. Él es una realidad sólida, concreta, como una fruta Amalaka en mi mano. Es una masa de conocimiento y Ananda (Prajnanaghana, Chidghana, Anandaghana). ¡Me doy cuenta!".

Cuando hemos entendido claramente algo, estas ideas están bien fundamentadas y arraigadas. Algunas ideas son confusas y no funcionan bien, van y vienen. Tendremos que cultivar las ideas y conectarlas a la tierra, hasta que estén firmemente sujetas y se implanten.

La aclaración de las ideas eliminará la perplejidad y la confusión en la mente. Cuando surge una duda: "Si Dios existe o no, si voy a tener éxito en la auto-realización o no", debe ser disipada por sugerencias y afirmaciones bien dirigidas tales como: "Es verdad, voy a tener éxito. No hay duda de ello". "En mi diccionario, en mi vocabulario, no hay palabras tales como "no se puede", "imposible", "difícil", etc... Todo es posible bajo el sol".

Nada es difícil cuando se toma una decisión. Una determinación firme y una fuerte resolución, traerán el éxito seguro a todo asunto o empresa, y en particular a la conquista de la mente.

*El control del pensamiento por la falta de cooperación*

No cooperes con tu mente en sus malas andanzas y poco a poco, tu mente estará bajo tu control. Este es el método práctico de no cooperar con la mente.

Si tu mente dice: "Tengo que comer golosinas hoy", dile a la mente: "No voy a cooperar contigo hoy. No voy a comer dulces. Voy a comer sólo pan y Dal". Si la mente dice: "Tengo que ir al cine", dile a la mente: "Voy a asistir a la Satsanga de Swami Ramananda y a escuchar sus discursos sobre los Upanishads". Si la mente dice: "Tengo que usar una camisa de seda", dile a la mente: "No voy a usar en el futuro, cualquier ropa de seda, voy a usar sólo khaddar".

Este es el método para no cooperar con la mente. La falta de cooperación con la mente es nadar contra la corriente sensual. Tu mente se debilitará y poco a poco se convertirá en tu obediente servidor. Vas a obtener el dominio sobre tu mente.

El hombre auto-controlado, moviéndose entre los objetos con los sentidos restringidos y libre de atracción y repulsión, alcanza la paz. La mente y los sentidos están naturalmente dotados de las dos corrientes de atracción y repulsión. Por lo tanto, a la mente y a los sentidos, les gustan ciertos objetos y no les gustan otros. Sin embargo, el hombre disciplinado se mueve entre los objetos de los sentidos con una mente y los sentidos libres de atracción y repulsión, dominado por sí mismo y alcanza la paz del Eterno.

El hombre disciplinado tiene una voluntad muy fuerte. Por lo tanto, los sentidos y la mente obedecen a su voluntad. El hombre disciplinado toma solamente los objetos que le son muy necesarios para el mantenimiento de su cuerpo sin ningún tipo de amor u odio y nunca toma los objetos que están prohibidos por las sastras.

*El arte de debilitar a los pensamientos*

En las plantaciones de caucho, los plantadores recurren al método del debilitamiento de los árboles de caucho, cortando los árboles pequeños excedentes que se encuentran en la proximidad de los grandes árboles. De este modo se puede aprovechar más la leche (el jugo de goma) de los árboles grandes.

De la misma forma debes diluir los pensamientos uno a uno, mediante el debilitamiento, con el fin de beber la leche de ambrosía o el néctar de la inmortalidad. Del mismo modo que sólo se conservan los buenos frutos de la canasta y se desechan los malos, así también, debes mantener los buenos pensamientos en tu mente y rechazar los malos.

Así como los guerreros cortan las cabezas de sus enemigos, uno a uno, cuando salen de una fortaleza a través de una puerta trampa, así también, debes cortar los pensamientos, uno a uno, cuando emerjan a través de la puerta a la superficie de la mente.

Cuando la cola de un lagarto se corta, el extremo revolotea durante algún tiempo, ya que todavía hay un poco de "Prana" residual en la cola, pero después de uno o dos minutos todo el movimiento cesará. De la misma forma, incluso después del debilitamiento y la reducción de los pensamientos, algunos pensamientos se moverán como la cola de la lagartija. Pero son impotentes y no podrán hacerte ningún daño serio, porque no hay vitalidad en ellos.

Así como el hombre que se está ahogando en el agua, intenta coger cualquier cosa para salvarse a sí mismo, así también, estos pensamientos sin vida intentarán con toda su fuerza, volver a su estado anterior de vida y vigor. Si eres regular en tu práctica diaria de la concentración y la meditación, van a morir por ellos mismos como una lámpara sin aceite se apaga.

Si la pasión, el egoísmo, los celos, el orgullo y el odio están muy arraigados, igual que cuando se cortan las ramas de un árbol, vuelven a crecer después de un tiempo, estos pensamientos que se suprimen o debilitan, se podrán manifestar una vez más después de algún tiempo. Deben estar completamente desarraigados a través de grandes esfuerzos, "Vichara", meditación, etc

*El control del pensamiento por el método de Napoleón*

Cuando pienses en un tema, no permitas que otros pensamientos entren. Cuando pienses en una rosa, piensa en los diferentes tipos de rosas solamente. No permitas que otros pensamientos entren.

Cuando pienses sobre la misericordia, piensa en la misericordia solamente, no pienses en el perdón ni en la tolerancia. Al estudiar la Gita, no pienses en tomar el té o en un partido de cricket. Mantente ocupado del todo con el tema que tengas entre manos.

Napoleón controlaba sus pensamientos de esta manera: "Cuando quiero pensar en cosas agradables, cierro los armarios de mi mente que contienen las cosas más desagradables de la vida, y abro los armarios que contienen los pensamientos más agradables. Y si quiero dormir, cierro todos los armarios de la mente".

*La detención de la recurrencia de los malos pensamientos*

Supongamos que los malos pensamientos permanecen en tu mente durante doce horas y se repiten cada tres días. Si puedes hacer que se queden durante diez horas y que se repitan sólo una vez por semana, por la práctica diaria de la concentración y de la meditación, esto es una clara mejoría. Si continúas tu práctica, la duración y las recurrencias de estos pensamientos se reducirán gradualmente. Y con el tiempo van a desaparecer por completo. Si comparas tu estado de ánimo actual con el del año pasado o del año antepasado, serás capaz de verificar tu progreso. Aunque el progreso será muy lento al principio y va a ser difícil para que puedas medir tu crecimiento y progreso al principio.

*No hacer al pensamiento erróneo ninguna concesión*

Al principio una idea equivocada entra en tu mente y a continuación, entretiene a la imaginación fuertemente y tu te deleitas en ese pensamiento equivocado.

Das tu consentimiento para que siga con su estancia en la mente, y poco a poco la idea equivocada, cuando nada se le resista, tendrá una fuerte influencia en tu mente. Y a continuación, será muy difícil que se marche. El proverbio dice: "Dale a un pícaro una pulgada y tomará una vara". Este es también el caso de los malos pensamientos.

*Cortar el mal pensamiento en su capullo*

Igual que cierras tu puerta o portón, cuando un perro trata de entrar, así también, cierra tu mente antes de que cualquier mal pensamiento pueda entrar y producir una impresión en tu cerebro físico. Te convertirás pronto en sabio y alcanzarás la paz eterna, infinita y la felicidad.

Acaba con la lujuria, la codicia y el egoísmo y contempla sólo pensamientos sagrados puros. Esta es una tarea difícil, pero tendrás que ponerla en práctica. Tendrás éxito en tu intento después de algún tiempo.

La destrucción de un mal pensamiento te dará fuerzas para aniquilar a otros pensamientos y desarrollar tu fuerza del alma, o fuerza de voluntad.

No desesperes nunca, aunque es posible que no consigas aplastar a un mal pensamiento. No sufras, ni pienses en vencerlo. La fuerza espiritual interior, gradualmente se manifestará en ti y podrás sentir esto.

*La práctica espiritual para la eliminación de los malos pensamientos*

Tu mente, a veces se estremecerá, cuando los malos pensamientos entren en ella. Esto es una señal de tu progreso espiritual, de que estás creciendo espiritualmente. Te verás mucho más atormentado cuando pienses en las malas acciones que cometiste en el pasado.

Es también un signo de tu agitación espiritual. No vas a repetir ahora las mismas acciones. Tu mente y tu cuerpo van a temblar cada vez que un pensamiento equivocado de alguna mala acción, te inste a hacer el mismo acto por la fuerza de la costumbre.

Continúa tu meditación con pleno vigor y seriedad y todos los recuerdos de las malas acciones, todos los malos pensamientos, todas las incitaciones del mal de Satanás, van a morir por ellos mismos y serás establecido en la perfecta pureza y en la paz.

En un principio todo tipo de malos pensamientos surgen en tu mente tan pronto como te sientes a meditar. ¿Por qué ocurre esto durante la meditación, cuando intentas tener pensamientos puros?

Muchos aspirantes tienden a dejar su práctica espiritual de meditación a causa de esto. Si tratas de apartar a un mono, él tratará de abalanzarse sobre ti como respuesta. De la misma forma, los malos pensamientos viejos tratan de atacar vengativamente y con fuerza redoblada en el momento en que tratamos de elevar los pensamientos buenos y divinos. Tu enemigo se esfuerza porque se resiste con vehemencia, cuando intentas expulsarlo de su casa.

Hay una ley de resistencia en la naturaleza. Los malos pensamientos viejos afirman y dicen: "¡Oh hombre! No seas cruel. Nos ha permitido permanecer en tu fábrica mental desde tiempos inmemoriales. Tenemos todo el derecho a permanecer aquí. Te hemos ayudado hasta este momento en todas tus malas acciones. ¿Por qué nos quieres echar de nuestro lugar de residencia? No vamos a abandonar nuestra morada.".

No te desanimes y sigue con tu práctica de meditación con regularidad y estos malos pensamientos se debilitarán. Eventualmente, todos perecerán, porque lo positivo siempre vence a lo negativo. Esta es la ley de la naturaleza. Lo negativo, los malos pensamientos no pueden estar delante de los buenos pensamientos positivos. El valor supera el miedo. La paciencia vence a la ira y a la irritabilidad. El amor vence al odio y la pureza supera la lujuria.

El hecho de que no te sientas seguro ahora, cuando un mal pensamiento llega a la superficie de tu mente durante la meditación, indica que estás creciendo en la espiritualidad. En el pasado, conscientemente albergaste todo tipo de malos pensamientos, les diste la bienvenida y los alimentaste. Persiste en tus prácticas espirituales, se tenaz y diligente y tendrás éxito.

Incluso un mal aspirante, se dará cuenta de un cambio maravilloso en él, si mantiene la práctica de "Japa" y meditación durante 2 o 3 años en un flujo continuo. Y ahora no puede dejar la práctica, e incluso si detiene la práctica de la meditación por un día, en realidad siente que ha perdido algo ese día y tu mente estará muy incómoda.

*Los mejores remedios para los malos pensamientos*

Cuando la mente está vacía, los malos pensamientos tratan de entrar. El mal pensamiento es el principio o punto de partida de adulterio. A través de una mirada lujuriosa, ya se ha cometido el adulterio en el corazón.

Las acciones mentales son las acciones reales. Recuerda que Dios juzga a un hombre por sus motivos, y la gente del mundo juzga a un hombre por sus acciones físicas externas. Tendrás que buscar el motivo del hombre y así no te confundirás.

Mantén la mente totalmente ocupada y a continuación, los malos pensamientos no entrarán. Un cerebro ocioso es el taller del diablo. Observa la mente a cada minuto.

Dedícate siempre a una labor: coser, lavar los vasos, barrer, dibujar, leer, meditar, contar granos, cantar canciones divinas, orar, servir a los ancianos o cuidar a los enfermos. Evita hablar por hablar y el chismorreo. Llena tu mente con pensamientos sublimes, como los contenidos del Gita, los Upanishads, el "Yoga Vasishtha", etc

*La disciplina diaria de los pensamientos*

La mente es como un duende travieso, como un mono saltando. Debe ser disciplinada cada día. Sólo entonces, y poco a poco estará bajo tu control.

Es sólo a través de la formación práctica de tu mente, que puedes evitar los malos pensamientos y las acciones que surjan y como se pueden alejar los malos pensamientos y acciones que han surgido por repetición.

Es sólo a través de la formación práctica de tu mente, que puedes animar a los buenos pensamientos y acciones a que surjan, y que puedes sostener los buenos pensamientos y acciones cuando ya han surgido.

Un bello ejercicio diario para la relajación mental, que te dará una gran inspiración y fuerza, es el siguiente: Cierra los ojos y piensa en todo lo que es agradable. Esto relajará tu mente de una manera maravillosa. Piensa en los Himalayas, en el Ganges sagrado, en el paisaje impresionante de Cachemira, en el Taj Mahal, en el monumento de Victoria, en Calcuta, en una puesta de sol, en la vasta extensión del mar o en el cielo azul infinito.

Imagina que todo el mundo y tu cuerpo están flotando como una paja en el vasto océano del Espíritu. Siente que estás en contacto con el Ser Supremo. Siente que la vida de todo el mundo está latiendo, vibrando y latiendo a través de ti. Siente que el Señor Hiranyagarbha, el océano de la vida, suavemente te mece en su vasto seno. A continuación, abre tus ojos y experimentarás una inmensa paz mental, vigor y fuerza. Practica esto y siéntelo.

*Los pensamientos y la analogía de la serpiente*

Así como el fruto nace de la semilla, también las obras nacen de los pensamientos. Los buenos pensamientos generan buenas acciones y los malos pensamientos producen malas acciones.

Conserva los buenos pensamientos y repele los malos. Si cultivas buenos pensamientos con "Satsanga", el estudio de libros religiosos, la oración, etc..., los malos pensamientos morirán por sí mismos.

Del mismo modo que te quitas la piedra en el zapato que te preocupa, también, debes ser capaz de eliminar inmediatamente cualquier pensamiento atormentador de tu mente. Sólo entonces habrás adquirido suficiente fuerza en el control del pensamiento. Sólo entonces habrás alcanzado un progreso real en el camino espiritual.

Cuando le das un golpe en la cabeza a una serpiente con un palo y aplastas su cabeza, se mantiene absolutamente inmóvil durante algún tiempo. Crees que está muerta y de repente, levanta la cabeza y sale corriendo. De la misma forma, los pensamientos que fueron aplastados una vez, recuperan la fuerza y levantan la cabeza, por lo que deben de ser destruidos totalmente, más allá de la resurrección.

*La conquista del mundo por el pensamiento*

Controla los pensamientos o "Sankalpas". Evita la imaginación o la ensoñación y la mente será aniquilada. La extinción de Sankalpas es "Moksha" o liberación. La mente es destruida cuando no hay imaginación.

La experiencia de la ilusión del mundo se debe a tu imaginación y se desvanece cuando la imaginación se ha detenido por completo.

La victoria sobre los pensamientos es realmente una victoria sobre todas las limitaciones, la debilidad, la ignorancia y la muerte. La guerra interna con la mente es más terrible que la guerra exterior con las ametralladoras.

La conquista de los pensamientos es más difícil que la conquista del mundo por la fuerza de las armas. Conquista tus pensamientos y conquistarás el mundo.

*Forma un canal divino por la fuerza del pensamiento*

Por lo general los pensamientos fluyen con facilidad hacia los objetos externos y la mente puede fácilmente pensar en los objetos mundanos. Esto se llama "Svabhava".

La fuerza mental puede fluir fácilmente por los viejos surcos y avenidas de pensamientos mundanos. Se considera que es muy difícil pensar en Dios y se trata de un trabajo difícil para una mente "samsárica" de "vyavahara." La dificultad para apartar a la mente de los pensamientos mundanos, de los objetos externos, y fijarla en Dios, es la misma que se encontraría en apartar el flujo del Ganges hacia el Gangotri, en lugar de seguir su curso natural hacia Ganga Sagar. Es como remar contra la corriente del río Yamuna.

Sin embargo, a través de grandes esfuerzos y "Tyaga", puede estar capacitada para fluir hacia Dios, en contra de su voluntad, si la persona quiere liberarse de la rueda del nacimiento y la muerte. No hay otra forma si se quiere escapar de las miserias mundanas y tribulaciones.

*Función de Vigilancia en el control del pensamiento*

Al principio, es muy difícil fijar la mente en un pensamiento. Disminuye el número de pensamientos y trata de pensar en un solo tema.

Si piensas en una rosa, puedes tener todo tipo de pensamientos relacionados con la rosa. Puedes pensar en diferentes tipos de rosas, que se cultivan en distintas partes del mundo, puede pensar en las diversas preparaciones que se hacen con las rosas y sus usos. Puedes permitir entrar incluso los pensamientos en otros tipos de flores, pero no albergar pensamientos de frutas y verduras.

Vigila el estado de vagar sin rumbo de la mente. No tengas pensamientos al azar, cuando pienses en las rosas. Poco a poco, podrás fijar la mente en un solo pensamiento, pero tendrás que disciplinar la mente todos los días. La eterna vigilancia es necesaria en el control del pensamiento.

*Observa y espiritualiza tus pensamientos*

Observa y controla los pensamientos. Sé testigo de tus pensamientos. Elévate por encima de los pensamientos y mora en la conciencia pura, donde no hay pensamiento.

Las impresiones sutiles, las tendencias, los deseos y las pasiones que yacen en las profundidades del subconsciente, tienen un efecto tremendo en tu vida consciente. Se deben purificar y sublimar, se les debe dar un giro espiritual.

Escucha lo que es auspicioso. Mira lo que es propicio. Piensa en lo que es propicio. Habla de lo que es propicio. Medita sobre lo que es propicio. Entiende lo que es propicio. Aprende lo que es auspicioso.

El miedo, la aversión, el odio, los prejuicios, la intolerancia, la ira y la lujuria, perturban la acción de la mente subconsciente. Cultiva las virtudes. Purifica y fortalece la mente subconsciente.

El deseo, la codicia, etc... esclavizan y oscurecen la mente que debe ser liberada y devuelta a su pureza original, para reflejar la Verdad y debes practicar meditación. Los impulsos más bajos pertenecen al cuerpo físico y al plano mental.

Cuando la mente no funciona debido a la ausencia de "Vasanas" (impresiones mentales y deseos sutiles), entonces surge el estado de "Manonasha" o la aniquilación de la mente.

## Capítulo VIII
## Los patrones de la cultura del pensamiento

*La discriminación y la cultura mental interior*

Siempre que aparezca deseo en tu mente, no trates de cumplirlo. Recházalo a través de la discriminación, la investigación recta y el desapasionamiento y obtendrás la tranquilidad de la mente y la fuerza mental mediante la práctica constante. La mente dejará de ser errante y sus tendencias hacia el exterior se habrán frenado.

Si los deseos son erradicados, los pensamientos también mueren por sí mismos. La mente se separa de los objetos de los sentidos mediante la continua observación de sus defectos y se fija en "Brahman".

Durante la práctica de "Sama", los cinco "Jnana-Indriyas" u órganos de conocimiento, a saber: Oídos, piel, ojos, lengua y nariz también son controlados. "Sama" es la serenidad de la mente producida por la erradicación constante de "Vasanas" o deseos.

*Pensamientos insanos y auto-atención*

Date cuenta completamente por ti mismo de las consecuencias graves y ruinosas de los malos pensamientos. Esto te pondrá en guardia cuando los malos pensamientos surjan. En el momento en que lleguen, esfuérzate o desvía tu mente hacia algún otro objeto como los pensamientos divinos, la oración o "Japa".

Una verdadera forma para ahuyentar a los malos pensamientos te mantendrá en alerta hasta el punto de que incluso si aparecen en el sueño, te percatarás de ellos. Si el enemigo aparece cuando estás despierto, no va a ser muy difícil hacerle frente, si estás lo suficientemente atento.

Debes salvarte de la malformación y pérdida involuntaria de la mente. La mente es como un niño juguetón. Las energías benignas de la mente deben ser dobladas para convertirse en los canales pasivos para la transmisión de la verdad. La mente debe estar llena de "Sattva" (pureza). Se debe estar capacitado para pensar en la verdad o en Dios constantemente.

Si deseas un rápido progreso en el camino espiritual, observa cada pensamiento. Una mente vacía está siempre angustiada, es el taller del diablo. Se cuidadoso y mantén la guardia sobre tu mente. Observa todos los impulsos y el pensamiento.

Espiritualiza o sublima tus instintos. El mal pensamiento es el ladrón más peligroso. Mata a este ladrón con la espada de la sabiduría y genera nuevas vibraciones divinas diarias u ondas de pensamiento en tu mente. Haz que tu pensamiento sea puro, fuerte, sublime y definitivo y ganarás una inmensa fuerza espiritual y la paz.

Todo pensamiento debe ser constructivo y noble. Los pensamientos son sólo refracciones. Mata a todos los pensamientos y ve hacia a la Luz de las luces. Si quieres alcanzar la auto-realización, la imaginación y la especulación tienen que parar. Purifica y controla las emociones.

Debajo de tu vida consciente, hay una región muy amplia de la vida subconsciente. Todos los hábitos se originan en el plano subconsciente. La vida subconsciente es más poderosa que la vida ordinaria de la conciencia objetiva. A través de la práctica del yoga se puede modificar, controlar e influir en las profundidades del subconsciente.

Toma uno de los rasgos del mal y medita en la virtud opuesta todas las mañanas. Práctica, durante el día y la calidad del mal se desvanecerá pronto. Medita en la misericordia por la mañana y practica durante el día. Pronto desarrollarás misericordia.

Si los malos pensamientos entran en tu mente una vez al mes en lugar de tres veces por semana (recordemos que los malos pensamientos son el principio de adulterio), si te enfadas una vez al mes en lugar de una vez por semana, esto es un signo de progreso, es un signo de aumento de tu fuerza de voluntad, es un signo de tu creciente fortaleza espiritual. Ten un buen ánimo y lleva un diario de tu progreso espiritual.

*Auto-desarrollo por la cultura de yoga del pensamiento*

Los fenómenos supra-físicos que ocurren en la práctica del yoga y la experiencia profesional en planos más sutiles son mirados con suspicacia y considerados como una mera magia oriental.

El yoga no es ni caprichoso, ni contiene nada anormal. Su objetivo es el desarrollo integral de todas las facultades del hombre. Es una manera racional para lograr una vida más plena y más bendita, probada en el tiempo, que naturalmente, será seguido por todos y cada uno, en el mundo del mañana.

Todos los métodos del yoga tienen una formación ética y la perfección moral como base. La erradicación de los vicios y el desarrollo de ciertas virtudes constituyen el primer paso en la escalera del Yoga.

La disciplina de la naturaleza y la formación de un carácter firme y puro a través de un conjunto de hábitos correctos y regulares celebraciones diarias, es el siguiente paso. Sobre esta base firme de un carácter moral bien establecido y virtuoso, se construye la estructura del Yoga.

*La cultura del pensamiento por el método de sustitución*

El método de sustitución es muy fácil y eficaz en la destrucción de los malos pensamientos. Cultiva pensamientos positivos virtuosos de misericordia, de amor, de pureza, de perdón, de integridad, de generosidad y de humildad en el jardín de tu mente.

Los pensamientos negativos y viciosos de odio, lujuria, ira, codicia, y orgullo van a morir por ellos mismos. Es difícil destruir los malos pensamientos atacándolos directamente, y tendrás que probar tu voluntad y desperdiciarás tu energía.

*Métodos espirituales para la cultura del pensamiento*

Si piensas una y otra vez en una cosa impura, el pensamiento gana una nueva fuerza, consigue la fuerza del ímpetu. Debes apartarlo inmediatamente. Si te resulta difícil hacerlo, ten pensamientos de Dios, cultiva pensamientos sublimes y elevados y los malos pensamientos morirán por sí mismos.

Un pensamiento noble es un potente antídoto para contrarrestar un mal pensamiento. Este método, es más fácil de usar que el método anterior. Por la repetición del nombre de Dios, miles de veces al día, los buenos pensamientos producen nuevas fuerzas. Por miles de repeticiones de "Aham Brahma Asmi" al día, la idea de que eres es el espíritu (Atman) se vuelve más fuerte y la idea de que eres el cuerpo, se vuelve más y más débil.

Si los malos pensamientos entran en tu mente, no utilices tu fuerza de voluntad para conducirlos, porque perderás tu energía, y se pondrá a prueba tu voluntad y te fatigarás. Cuanto más esfuerzos hagas, los malos pensamientos volverán con una fuerza redoblada y también más rápidamente. Si los pensamientos se vuelven más poderosos, sé indiferente. Guarda silencio y pasarán pronto o sustitúyelos por buenos pensamientos (método de Pratipaksha Bhavana), o piensa en la imagen de Dios y di un mantra una y otra vez o reza.

*La importancia de la cultura del pensamiento*

La cultura del pensamiento es un tema vital. Muy pocas personas conocen este arte o ciencia. Incluso las llamadas personas educadas no son conscientes de este tipo de educación fundamental.

Todos son víctimas del pensamiento al azar, donde toda clase de pensamientos sueltos, de diversos tipos, van y vienen en la fábrica mental. No hay ni ritmo, ni razonamiento. No hay ni concordia, ni disciplina. Todo está en un estado de caos y confusión. No hay ninguna clarificación de ideas.

No pueden pensar en un tema, incluso durante dos minutos de una manera ordenada y sistemática. No tienen ninguna comprensión de las leyes de los pensamientos y las leyes del plano mental. Tienen dentro un zoológico perfecto. Toda clase de pensamientos sensuales luchan entre sí para entrar en la mente de un sensualista y ganar. El ojo "Indriya" lucha para traer sus propios pensamientos. El "Indriya" oído quiere llevar sólo pensamientos lujuriosos, pensamientos de odio, celos y miedo. Muchas personas no pueden tener un sólo pensamiento divino sublime, ni por un segundo. Sus mentes están concebidas de forma que la energía mental se ejecuta en cauces sensuales.

*La batalla de los pensamientos*

Al principio de la cultura del pensamiento, hay una lucha interna entre los pensamientos puros e impuros. El pensamiento impuro trata de entrar en la fábrica mental una y otra vez. Afirma: "¡Oh hombre pequeño, que me diste cobijo al principio. Me diste la bienvenida antes, me diste una cordial recepción. Tengo todo el derecho a permanecer en las tierras bajas de tu mente, en tu mente instintiva y pasión. ¿Por qué eres cruel conmigo? Yo sólo te di un impulso o estímulo que te llevó a restaurantes y hoteles, cines y teatros, salones de baile y bares. Tuviste una gran variedad de placeres a través mía. ¿Por qué eres tan ingrato ahora hacia mí? Voy a resistir, persistiré y me repetiré una y otra vez. Haz lo que quieras. Estás débil por los viejos hábitos y no tienes fuerza para resistir".

Con el tiempo los pensamientos puros podrán obtener la victoria. "Sattva" es un poder superior a "Rajas" y "Tamas". Lo positivo supera a lo negativo.

*El buen pensamiento, la primera perfección*

El pensamiento es un buen siervo. Es un instrumento. Tendrás que utilizarlo con mucho tacto y adecuadamente. El primer requisito para la felicidad es el control sobre los pensamientos.

Tu pensamiento está impreso en tu cara. El pensamiento es un puente que conecta lo humano con lo divino. Tu cuerpo, tu negocio, tu casa, no son más que las ideas dentro de tu mente.

El pensamiento es una fuerza dinámica, un buen pensamiento es la primera perfección. El pensamiento es la verdadera riqueza.

*Cultiva los pensamientos y conviértete en una unidad con Buda*

Mantén lejos de tu mente todos los pensamientos innecesarios, inútiles y desagradables. Los pensamientos inútiles impiden tu crecimiento espiritual, los pensamientos desagradables son piedras de tropiezo para el avance espiritual. Estás lejos de Dios, cuando te entretienes con pensamientos inútiles, sustitúyelos por pensamientos de Dios.

Ocúpate sólo con pensamientos útiles. Los pensamientos útiles son escalones para el crecimiento espiritual y el progreso. No permitas que la mente funcione en los viejos surcos y tenga sus propias formas y hábitos. Estate atento. Debes erradicar todo tipo de pensamientos malos a través de la introspección, los pensamientos inútiles, pensamientos indignos, pensamientos impuros, todos los pensamientos sexuales, pensamientos de celos, el odio y el egoísmo. Debes aniquilar a todos los pensamientos destructivos y faltos de armonía y con discordia. Tienes que desarrollar siempre pensamientos puros, buenos, amorosos, sublimes y divinos. Cada pensamiento tiene que ser de carácter constructivo. Debe ser fuerte, positivo y definitivo.

La imagen mental debe ser de un pensamiento claro y bien definido, y debe traer la paz y el consuelo a los demás. No debe traer, ni incluso el menor dolor y la infelicidad para nadie. Entonces serás un alma bendita en la tierra. Serás un gran poder sobre la tierra. Podrás ayudar a muchos, curar a miles, espiritualizar y elevar a un gran número de personas como lo hizo Jesús o Buda. Igual que crece el jazmín, la rosa, el lirio, o las flores de Honolulu en un jardín, también se deben cultivar las flores de pensamientos de paz, de amor, misericordia, bondad, y pureza en el vasto jardín de "Antahkarana". A través de la introspección, tendrás que regar este jardín de la mente, con el pensamiento de la meditación y eliminar las malas hierbas de los vanos pensamientos, inútiles y discordantes.

*Evita los pensamientos sobre los defectos de otro hombre*

La naturaleza de la mente es tal que se convierte en lo que se piensa intensamente. Así que, si piensas en los vicios y defectos de otro hombre, tu mente se cargará de estos vicios y defectos, al menos por un momento.

El que conoce esta ley psicológica, nunca se abandonará a censurar a otros, o en la búsqueda de fallos en la conducta de los demás, sólo podrá ver lo bueno en otros y siempre alabará a los demás. Esta práctica le permite a uno crecer en la concentración, el yoga y la espiritualidad.

*El último pensamiento determina el próximo nacimiento*

El último pensamiento de un hombre gobierna su destino y determina su futuro nacimiento. El Señor Krishna dice en el Bhagavad-Gita: "El que al final abandone el cuerpo, pensando en cualquier ser, sólo a ese ser irá, oh Kaunteya, a causa de su pensamiento constante en ese ser" (Capítulo: VIII-6).

Ajamila dejó su conducta piadosa, y llevó una vida detestable. Cayó en la profundidad del mal, en los hábitos pecaminosos y recurrió a robos y asaltos. Se convirtió en el esclavo de una mujer pública y en el padre de diez hijos, el último de los cuales fue llamado Narayana.

Cuando estaba a punto de morir y absorto en los pensamientos de su último hijo, tres mensajeros de la muerte avanzaron hacia Ajamila, que gritó en voz alta con una gran angustia el nombre del último hijo: "Narayana".

Con la sola mención del nombre de "Narayana", los asistentes del Señor Hari llegaron rápidamente, obstaculizando a los mensajeros de la muerte y se lo llevaron a "Vaikhunta" o el mundo de Vishnu.

El alma de Shishupala entró en el Señor Supremo, con una chispa resplandeciente de la gloria inefable y magnificencia, aunque Shishupala pasó toda su vida insultando al Señor Krishna, luego entró en el Señor.

Un gusano en la pared cuando es picado por una avispa, cambia y toma la forma de esta. Del mismo modo, el hombre que concentra su odio en el Señor Krishna se libera de sus pecados y llega al Señor por la devoción regular, como las gopis lo hicieron por "Kama" (pasión), "Kamsa" por el miedo, "Shishupala" por el odio y "Narada" por el amor.

El Señor Krishna dice en el Gita:

"El que piensa constantemente en mí intensamente y con la mente concentrada en un punto, al tal yogui firme, le seré fácil de alcanzar, y por lo tanto llegará hasta mí y se fusionará en mí, sin nacer de nuevo en el mundo efímero de dolor y la miseria.

¡Oh Arjuna! Si bien todos los mundos creados por Brahma están limitados por el tiempo y tienen su momento de la disolución al llegar a mí, no hay renacimiento. Por lo tanto, en todo momento, medita en Mí, el "Vasudeva" supremo, con la mente y el intelecto fijos en mí. Sin duda, me alcanzarás"(Capítulo: VIII-14, 15, 16).

La práctica constante de fijar la mente en el Señor, aunque un hombre se dedique a asuntos mundanos, le permitirá pensar de forma intuitiva y automática en el Señor, incluso en el momento de su partida.

El Señor dice: "Con la mente concentrada de esta forma, en el yoga de la práctica constante, y no desviada por cualquier otro obstáculo, se alcanza el "Purusha" supremo de gloria resplandeciente"

El Señor dice además: "En el momento de la muerte, el que piensa en Mi Ser real como el Señor Supremo Sri Krishna o Narayana, deja el cuerpo y en verdad llega a mi ser. ¡No lo dudes! En cualquier forma que un hombre piense en mí en el momento de la muerte, esa forma alcanza, siendo una vez más el resultado de concentrarse en esa idea en particular, por la meditación constante de la misma".

El Señor dice además: "El que establece su mente en Mí, en el momento de descenso y ascenso, en ese estado divino de renunciar a todo y vivir en Brahman, quedará libre de la ilusión". (BG II-72).

Quien tiene el fuerte hábito de fumar durante su vida, imita el acto de apagar el cigarro con sus dedos, cuando se encuentra en un estado de inconsciencia antes de su muerte. Así de fuerte es el hábito de apagar cigarros de ese hombre.

El último pensamiento de un hombre licencioso será el pensamiento de su mujer. El último pensamiento de un borracho empedernido será el de su botella de licor. El último pensamiento de un prestamista avaro será el de su dinero. El último pensamiento de un soldado de combate será el de disparar a su enemigo. El último pensamiento de una madre que está intensamente unida a su único hijo será el de su único hijo. Raja Bharata cuidó de un ciervo, por misericordia y se apegó a él tanto, que su último pensamiento fue sobre los ciervos. Por lo tanto tuvo que tomar el nacimiento de un ciervo, aunque no tenía recuerdo de su último nacimiento, porque era un alma avanzada.

El último pensamiento de una persona va a ser el pensamiento de Dios, sólo si esa persona ha disciplinado su mente a lo largo de toda su vida y ha tratado de fijarla en el Señor a través de una práctica constante. No puede venir de una práctica de un día o dos, una semana o un mes. Es un esfuerzo de toda la vida y de lucha. El último pensamiento determina el próximo nacimiento. El último pensamiento importante de la vida, ocupa la mente en el momento de la muerte. La idea predominante en el momento de la muerte es la que en la vida normal nos ha ocupado más la atención. El último pensamiento determina la naturaleza de carácter del cuerpo siguiente que se alcanzará.

Como un hombre piensa, así habrá de ser.

*El fondo de pensamiento Sáttvico*

La gran mayoría de la gente siempre quiere algo concreto para centrarse, algo en torno a lo cual, por así decirlo, pueda poner sus ideas y a veces, será el centro de todas las formas de pensamiento de sus mentes. Esa es la naturaleza misma de la mente. Un fondo de pensamiento se necesita para la fijación de la mente.

Ten un fondo Sáttvico de pensamiento para la imagen mental. La mente asume la forma de cualquier objeto sobre el que piensa intensamente. Si se piensa en una naranja, asume la forma de una naranja. Si se piensa en el Señor Krishna, con la flauta en la mano, toma la forma del Señor Krishna. Tienes que entrenar la mente adecuadamente y darle la alimentación adecuada "Sáttvica" para su asimilación.

Debes tener un fondo Sáttvico de pensamiento que te llevará a la meta (la salvación). Si eres un devoto del Señor Krishna, ten un trasfondo de pensamiento de su imagen y repite su famoso mantra "Om Namo Bhagavate Vaasudevaya" y sus cualidades. Un Upasaka Nirguna (vedantín) debe tener un fondo de pensamiento de "OM" y su significado (Océano Infinito de Luz, Satchidananda, Vyapaka, Paripurna-Atman).

Trabaja en el mundo y en el momento en el que la mente está libre, comienza a pensar en el fondo del pensamiento, ya sea de fondo "Saguna" o "Nirguna" según tus gustos, tu temperamento y capacidad de "Sadhana".

Por el pensamiento constante, se forma un hábito en la mente y sin esfuerzo, la mente va a correr hacia el fondo del pensamiento.

Es una lástima que la gran mayoría de las personas no tengan ningún ideal, no tengan en absoluto un programa de la vida, y carezcan de un fondo "Sáttvico" del pensamiento. Están condenados al fracaso.

El fondo del pensamiento de un joven matrimonio suele ser lujurioso. El fondo del pensamiento de una madre de edad es el afecto hacia sus hijos y nietos. El fondo del pensamiento de la inmensa mayoría de las personas es el odio y los celos. Incluso las personas educadas, con títulos universitarios y muchos conocimientos académicos, son como una cáscara vacía, cuando se compara su conocimiento con el conocimiento espiritual. No tienen ningún ideal, no tienen un programa de vida y no tienen un fondo del pensamiento. Un diputado, después de jubilarse, se casa con una tercera esposa y continúa como Dewan de un Estado.

Una persona de mente mundana es presa de pensamientos sexuales y de pensamientos de odio, ira y venganza. Estos dos tipos de pensamientos realmente toman posesión de su mente. Es un esclavo de estos dos grupos de pensamientos. No sabe cómo desviar su mente y fijarla en algún otro pensamiento bueno y noble. No conoce las leyes del pensamiento, ni es consciente de la naturaleza y el funcionamiento adecuado de la mente. Su posición es extremadamente deplorable, a pesar de sus posesiones terrenales y el conocimiento libresco obtenido en las universidades. "Viveka" no ha despertado en él, no tiene "Sraddha" en los santos, los "Sastras" y Dios. Es incapaz de resistirse a un mal deseo, o a la tentación, por su débil voluntad.

El único remedio potente para eliminar la intoxicación del mundo, el encanto y la ilusión por todo el mundo, es el constante Satsanga o asociación con "Sadhus", "Sannyasins" y "Mahatmas".

Al jubilarse, todo el mundo debería tener un fondo de pensamiento y pasar su tiempo en estudios filosóficos y la contemplación divina. Los viejos hábitos de pensamiento, deben ser sustituidos por el cultivo de nuevos hábitos de buenos pensamientos. En primer lugar, una tendencia a pensar en los buenos pensamientos se formará. Y mediante la práctica constante, un hábito positivo y definido de pensar virtuoso, ayudará a los que estos pensamientos buenos se desarrollen. Tendrás que luchar muy duro.

Los viejos hábitos intentarán aparecer una y otra vez, hasta que se haya establecido firmemente el hábito de pensar solamente en los buenos pensamientos, tendrás que llenar la mente una y otra vez con estos pensamientos, los pensamientos divinos Sáttvicos, los pensamientos de la Gita, el Señor Krishna, el Señor Rama, los Upanishads, etc... Nuevos surcos se formarán ahora. Así como un gramófono con aguja pequeña, se desplaza por una pequeña ranura en el disco, el pensamiento Sáttvico creará nuevos surcos sanos en tu mente y en tu cerebro y nuevos "Samskaras" se crearán.

Conseguirás la concentración sin mucho esfuerzo. Aquel que ha sometido su mente, se contempla en su propio Sí mismo con la ayuda de su propio intelecto puro, el Brahman inmortal, eterno, que es más sutil que lo más sutil, que es una encarnación de la bienaventuranza, paz y sabiduría. Es el contacto del sentido con el sentido del objeto, lo que da lugar a una percepción mental. Pero si los sentidos se retiran y la mente es aquietada, se llega a un estado donde no hay contacto con ningún objeto sensorial.

Es el estado de felicidad y de la conciencia pura o "Nirvikalpa Samadhi", en el que se queman todos los "samskaras" que dan lugar al nacimiento y la muerte. El apego es la muerte. Uno está apegado al cuerpo, la acción, la esposa, los hijos, la propiedad, la casa, un lugar y los artículos que le dan placer. Dondequiera que haya apego, está la ira, el miedo y los "Vasanas". El apego conduce a la esclavitud. Si se quiere alcanzar la realización de Dios, se debe uno deshacer de todo tipo de apegos.

El primer paso para el desprendimiento, debe ser separarse del cuerpo con el que te sientes tan identificado. La palabra sánscrita para el "Yo" es el "Atman". "Atman" se deriva de la raíz "A", que significa "ir siempre". Así "Atman" significa: "lo que siempre evoluciona bajo los nombres y formas del universo para realizar su naturaleza real y esencial que es Existencia-Conciencia-Bienaventuranza Absoluta".

*La Conciencia Pura y la libertad en el pensamiento*

A través de la práctica constante e intensa de yoga y "Jnana Sadhana", se puede llegar a tener un pensamiento libre, sin olas. El yogui, sin olas en su mente, ayuda al mundo más que el hombre en el estrado, aunque la gente ordinaria difícilmente puede entender esto. Cuando estás sin olas en la mente, realmente penetras e impregnas cada átomo del universo, y purificas y elevas a todo el mundo.

Los nombres de los "jñanis" sin olas en el pensamiento, como "Jada", "Bharata" y "Vamadeva", todavía son recordados y nunca publicaron libros, ni tuvieron discípulos. Sin embargo, ¡que tremenda influencia tuvieron estos "jñanis" en las mentes de la gente!

Puedes alcanzar "jñana" sólo si estás libre de los deseos sensuales y de los estados mentales inmorales. El distanciamiento del cuerpo de los objetos sensibles y el desapego de la mente de los estados de la mente inmorales, son necesarios para el logro del Conocimiento. Sólo entonces la Luz Divina desciende.

Así como un bungalow está limpio de telarañas y su jardín, de todas sus hierbas para recibir al Virrey, el palacio mental debe ser purificado de todos los vicios, deseos y estados inmorales para la recepción del santo "Brahman", el Virrey de los virreyes.

Cuando surge un deseo en la mente, una persona mundana, le da la bienvenida y trata de cumplirlo, pero un aspirante renuncia inmediatamente a través de "Viveka". La gente sabia ni siquiera considera la chispa del deseo como un gran mal y por lo tanto, no acepta ningún tipo de deseo. Están siempre felices en Atman. El pensamiento inicia el proceso de creación. Pensar es la externalización o la objetivación. Pensar es la diferenciación, la calidad y la multiplicidad. Pensar es "Samsara". El pensamiento hace la identificación con el cuerpo. Pensar causa "lo mío" y "el yo". Pensar crea el tiempo, el espacio, etc...

Detén el pensamiento a través de "Vairagya" y "Abhyasa" y fúndete tu mismo en la Conciencia Pura. Donde no hay pensamiento o "Sankalpa", hay Absolución o "Jivanmukti".

## Capítulo IX
## De los pensamientos a la trascendencia del pensamiento

*Pensamiento y vida*

El hombre piensa en los objetos sensuales y se apega a ellos. Piensa que las frutas son muy buenas para el cuerpo y quiere poseerlas y luego cuando ya las posee, disfruta de ellas. Así se aferra a las frutas, desarrolla el hábito de tomar fruta y si no las obtiene un día, siente dolor por ello.

Desde el pensamiento viene el apego, nace el deseo de unión. La ira procede del deseo, porque la ira surge cuando el deseo se ve frustrado por una causa u otra. De la ira surge la desilusión; de la desilusión, el fracaso de la memoria; de la falta de memoria, la pérdida de la inteligencia; y con la pérdida del intelecto, el hombre queda totalmente arruinado. Si quieres alcanzar la paz eterna, no creas en los objetos, piensa siempre sólo en el "Atman" inmortal y feliz. Los deseos por sí mismos son inofensivos, pero cuando están galvanizados por el poder del pensamiento, sólo entonces, causan estragos. El hombre reflexiona y piensa en los objetos de los sentidos. Se imagina que va a obtener una gran cantidad de placer de ellos. Esta imaginación excita los deseos y este poder de la imaginación coopera con los deseos. A continuación, los deseos se vigorizan o se ven vitalizados y atacan el "Jiva" engañándolo con vehemencia.

*El pensamiento y los caracteres*

El hombre no es una criatura fruto de las circunstancias. Sus pensamientos son los arquitectos de sus circunstancias. Un hombre de carácter construye una vida fuera de las circunstancias, constantemente persevera con aplomo. No mira hacia atrás, marcha hacia adelante con valentía.

No tiene miedo de los obstáculos. Nunca se enfada o tiene mal humor, nunca se desanima ni se decepciona. Está lleno de vigor, energía y vitalidad y trabaja con celo y entusiasmo.

Los pensamientos son los ladrillos con los que se construye el carácter. El carácter no nace, se forma. La determinación es necesaria para construir el carácter definitivo en la vida y esto debe ser seguido con persistencia y esfuerzo. Crea tu carácter, tu puedes dar forma a tu vida. El carácter es poder, es la influencia y hace amigos. Es la base del patrocinio y del apoyo. Crea amigos y fondos y abre un camino seguro y fácil hacia la riqueza, el honor, el éxito y la felicidad.

El carácter es el factor determinante en la victoria y en la derrota, en el éxito y en el fracaso, y en todos los aspectos de la vida. Un hombre de buen carácter disfruta de la vida aquí y en el más allá. Los pequeños actos amables, las pequeñas cortesías, la consideración, las pequeñas benevolencias, habitualmente practicadas en tu trato social dan un gran encanto a tu carácter en conferencias, discursos, oratoria, etc...

Un carácter fuerte está formado por un pensamiento fuerte y noble. Un buen carácter es el fruto del esfuerzo personal. Es el resultado de los propios esfuerzos. No es la riqueza o el poder ni el mero intelecto lo que gobierna el mundo. Es el carácter moral asociado con la excelencia moral, lo que realmente gobierna el universo entero.

Nada en este mundo, ni la riqueza, el nombre, la fama, o la victoria, valen un higo o una paja, sin el carácter. El carácter debe estar detrás y salvaguardar todo y se construye con tus pensamientos.

*Los pensamientos y las palabras*

Hay poder en cada palabra que se pronuncia. Hay dos tipos de "Vrittis" o pensamientos en palabras: "Sakti Vritti" y "Vritti Lakshana".

En los Upanishads, el "Vritti Lakshana" se obtiene. "Vedasvarupoham" significa "encarnación de los Vedas". El "Vritti Lakshana" no denota "Brahma", al que se puede llegar por el estudio sólo de los Upanishads, por la sola "sabda-pramana".

Ten en cuenta el poder de las palabras. Si alguien llama a otro "Estúpido", "idiota" o "tonto", el aludido entra en un estado de furia de inmediato y la lucha sobreviene. Pero si te diriges al otro como "Vagaban", "Prabhu" o "Maharaj", estará inmensamente satisfecho.

*Pensamientos y acciones*

Los pensamientos son semillas latentes de acción. Los actos de la mente, y no los actos corporales, son los únicos verdaderos actos. A las acciones de la mente es a lo que verdaderamente se le llama Karma.

Pensamiento y acción son interdependientes. No hay tal cosa como la mente, aparte del pensamiento. Los pensamientos constituyen la mente.

Las palabras no son más que las expresiones externas de pensamientos que son imperceptibles. Las acciones son causadas por sentimientos de deseo y aversión (gustos y disgustos). Estos sentimientos son causados por el hecho de atribuir un carácter placentero o doloroso a los objetos.

El pensamiento es finito. Es inadecuado para expresar incluso los procesos temporales, por no hablar de lo absoluto, que es inexpresable. El cuerpo con sus órganos, no es otra cosa que la mente.

*Los pensamientos, la paz y la fortaleza*

A menos deseos, menores pensamientos. Si absolutamente dejas los deseos, la rueda de la mente se detendrá por completo. Si reduces tus deseos, si no tratas de satisfacer tus deseos, si intentas erradicar tus deseos uno por uno, tus pensamientos van a disminuir en frecuencia y duración y el número de pensamientos por minuto también disminuirán.

Cuanto menos pensamientos, mayor es la paz. Recuerda esto siempre. Un hombre rico que se dedica a la especulación en una gran ciudad y que tiene un gran número de pensamientos, tiene una mente inquieta, a pesar de sus comodidades; mientras que un Sadhu que vive en una cueva en los Himalayas y que está practicando el control del pensamiento, es muy feliz a pesar de su pobreza. A menos pensamientos, mayor es la fuerza mental y la concentración. Supongamos que el número medio de los pensamientos que pasan por tu cerebro dentro en una hora es de cien. Si tienes éxito en la reducción de los mismos a noventa, por la práctica constante de la concentración y la meditación, habrás ganado un diez por ciento del poder de concentración de la mente.

Cada pensamiento que reduces, aumentas la resistencia y la paz de la mente. La reducción de un solo pensamiento, te dará fuerza mental y la paz de la mente. Puede que no seas capaz de sentir esto desde el principio, ya que no posees una inteligencia sutil, pero hay un termómetro espiritual en el interior, para el registro de la reducción hasta llegar a un solo pensamiento. Si reduces tan solo un pensamiento, la fuerza mental que habrás ganado por esta reducción, te ayudará a reducir un segundo pensamiento fácilmente.

*La energía y los pensamientos sagrados*

El pensamiento es una manifestación más sutil que el éter o la energía. Cuando piensas, compartes el pensamiento universal.

El pensamiento es fuerza y movimiento. El pensamiento es dinámico. El pensamiento se mueve. El pensamiento decide el futuro. Como tu piensas, en eso te conviertes. El pensamiento hace a un santo o a un pecador. El pensamiento puede dar forma a un hombre. Piensa que tu eres el Brahman y en "Brahman" te convertirás.

Los pensamientos sagrados generan y sostienen pensamientos divinos. Los pensamientos de odio interfieren con la armonía interna del corazón. Cada pensamiento inútil, es un derroche de energía. Los pensamientos inútiles son un obstáculo para el crecimiento espiritual. Todo pensamiento debe tener un propósito definido. Los malos pensamientos negativos, no pueden superar el miedo. La paciencia vence a la ira y a la irritabilidad. El amor vence al odio. La pureza supera a la lujuria. La mente no se hace en un día, a cada minuto cambia su color y forma.

*Pensamientos que atan*

A través de su poder de diferenciación, la mente genera este universo. La expansión de los pensamientos de la mente hacia los objetos sensuales es la esclavitud. El abandono de los pensamientos constituye la liberación. La mente crea, al principio un apego al cuerpo y a los objetos de los sentidos y obliga al hombre a través de éste. El apego es debido a la fuerza de "Rajas".

"Sattva" trae el no-apego e infunde en la mente la discriminación y la renuncia.

Es la mente rajásica la que causa las ideas 'yo' y 'mío' y la diferencia de cuerpo, casta, credo, color, orden de la vida, etc

El árbol venenoso de la ilusión "mayaica" crece más y más fuera de la semilla de la modificación de la mente o los pensamientos expandidos, en el suelo de los goces múltiples de todo el mundo.

*De Pensamientos puros a la experiencia trascendental*

Los pensamientos son de dos tipos: pensamientos puros y pensamientos impuros. El deseo de hacer las acciones virtuosas, "japa", meditación, el estudio de libros religiosos, etc, son pensamientos puros. El deseo de ir al cine, hacer daño a los demás y de buscar las relaciones sexuales, son pensamientos impuros.

Los pensamientos impuros deben ser destruidos por el aumento de los pensamientos puros, y los pensamientos puros también deben abandonarse al final.

Los pensamientos ganan fuerza por la repetición de los goces sensuales, que dejan en la mente impresiones sutiles.

El "Svarupa" real de la mente es sólo "Sattva". "Rajas" y "Tamas" se unen a "Sattva" accidentalmente, pero pueden ser removidos por "Sadhana" o prácticas de purificación tales como "tapas", el servicio desinteresado, "Dama", "Sama", "Japa", adoración, etc... Si desarrollas "Daivi Sampat" o cualidades divinas, los "Rajas" y "Tamas" perecerán. Entonces la mente será pura, sutil, constante y concentrada y a continuación, se derretirá en el sutil, homogéneo e invisible "Brahman" (Akhandaikarasa Brahman). Se mezclará con "Brahman" ahora, al igual que la leche se mezcla con la leche, con agua, o con aceite y tendrás "Nirvikalpa Samadhi".

*Método de Raja Yoga para trascender pensamientos*

Los pensamientos puros deben sustituir a los pensamientos impuros. Este método de sustitución va a destruir todos los malos pensamientos. Esto es muy fácil y este es el método de Raja Yoga.

El método de alejar los pensamientos por medio de la voluntad o de la fuerza, mediante la fórmula: "salid, pensamientos malos" es muy exigente y no es adecuada para la gente común. Exige una tremenda fuerza de voluntad y fuerza espiritual. Debes elevarte por encima de los pensamientos puros y alcanzar el estado supremo de la no reflexión. Sólo entonces podrás descansar en tu propia "Svarupa". Sólo entonces se revelará "Brahman" como la fruta Amalaka en la palma de tu mano.

*Técnica de Vedanta para la trascendencia del pensamiento*

Cuando todo tipo de pensamientos y emociones inútiles, te causen problemas, se indiferente "udasina". Dite a ti mismo: "¿Quién soy" y siente: "Yo no soy la mente. Yo soy el Atman, el Espíritu que todo lo impregna, Suddha Satchidananda. ¿Me afectan las emociones? Soy "Nirlipta", sin ataduras, soy "Sakshi", el testigo de estas emociones. Nada me puede molestar". Al repetir estas sugerencias de reflexión vedantas "Vichara", los pensamientos y emociones morirán por sí mismos.

Este es el método Jnana de la expulsión de los pensamientos y emociones y de luchar con la mente.

Cuando un pensamiento surge en la mente, pregunta: ¿Por qué este "Vritti" (modificación) ha surgido? ¿A quién se refiere? ¿Quién soy yo? Y todos los pensamientos morirán con el tiempo. Todas las actividades mentales cesarán. La mente se volverá hacia el interior y se irá a descansar en el "Atman". Este es el "Sadhana Vedanta". Tendrás que persistir constantemente en la práctica espiritual.

Los pensamientos que surgen son mundanos, el único pensamiento: "¿Quién soy yo?", va a destruir todos los otros pensamientos de naturaleza mundana. Los pensamientos van a morir por sí mismos y el ego se desvanecerá.

Esto es "Kevala Asti"; "Chinmatra"; "Kevala Suddha Caitanya"; "Chidakasamatra" que es "nama-rupa-rahita" (libre de todos los nombres y formas), "vyavahara rahita", "Malavasana rahita", "Nishkriya", "Niravayava", que es el "SantaSiva-Advaita" de la "Mandukya Upanishad". Eso es el "Atman" y esto ha de ser conocido.

## Capítulo X
## La metafísica del poder del pensamiento

*El pensamiento y el idealismo práctico*

El hombre va de mal en peor en la escala de la vida, porque no pone su fuerza total en la acción, por lo que no obtiene la sabiduría.

El hombre es atormentado por las imperfecciones. Los agravios producen la formación de espuma en su mente, porque su vida no está fluyendo con la energía adecuada. El amor por su "yo" está siempre preparado para acusar a la otra parte. Los objetos del mundo objetivo son deliciosos tormentos para él, sin embargo el hombre se mantiene firme en los sentimientos personales. Es desgarrado por sus pasiones personales y es incapaz de establecer relaciones adecuadas y armoniosas con los demás. Siempre está en busca de su felicidad privada en todas las circunstancias.

El altar de la verdad exige las oblaciones de la rigidez mental, la dureza, la autoafirmación, la excentricidad y el egoísmo. Entrénate para la verdad que no conoce la parcialidad, el sexo, ni el brillo errante, ¡oh hombre!.

Hay una mancha de error en las experiencias cotidianas del hombre, y es por eso que su vida ha sido borrada y desfigurada. Los hombres se han convertido en vinagre para los ojos del otro por sus malos pensamientos.

El hielo de la mala voluntad enfría su corazón y los hombres están vinculados entre sí por toda suerte de ataduras, por la sangre, por el orgullo, por el miedo, por la esperanza, por el lucro, por la lujuria, por el odio, por la admiración, por cualquier circunstancia, pero no por el amor espiritual. Todo esto es debido a los malos pensamientos.

El hombre sabio crea una isla que ninguna inundación puede abrumar. El aroma de las flores viaja con el viento, pero el olor de un hombre sabio viaja contra el viento, e impregna cada lugar con sus pensamientos. Es como una montaña nevada que se puede ver desde lejos.

¡Oh hombre! Si llenas tu lámpara con agua, no serás capaz de disipar la oscuridad. Alimenta a tu lámpara con el aceite de los buenos pensamientos y deja que los puntos de vista correctos sean la antorcha para iluminar tu camino.

No tienes que buscar satisfacer tu vanidad y tu orgullo egoísta. En el borde de la verdad, el hombre está muriendo miserablemente. Todos los malos pensamientos se materializan en fisonomías malas, pero no hay que desesperarse, porque nunca hay oscuridad, sin luz. Siempre hay una respuesta sublime a todas las necesidades humanas. Todas las cosas son posibles para aquellos que creen en la posibilidad.

¡Oh hombre! Levanta la vista en la dirección correcta y usa las leyes adecuadas. Pon en marcha los pensamientos positivos.

Recuerda tu objetivo, porque es fácil ser desviado hacia caminos laterales. Un pensamiento santo es una voz. Habla cuando la lengua está en silencio. Se lucha y se sale de todos los obstáculos con serenidad y no hay poder sobre la tierra que te puede suprimir durante un largo periodo. ¡Oh hombre! No trates con cosas no reales.

No trates de abrazar la felicidad de mil maneras. Cuanto más rápido la vayas a seguir, más rápido se alejará de ti. No te conviertas en una espina para ti mismo, así como para los demás.

Cambia la dirección de tus pensamientos. Examina tus pensamientos. ¿Dónde termina la necesidad y la curiosidad comienza?

Tan pronto como has satisfecho las necesidades, te sientas y te entretienes con pensamientos de apetitos artificiales. Es por eso que has cruzado la frontera de la ley.

Por tus propios pensamientos haces o estropeas tu mundo. La inevitable ley de la reacción es tal, ¡oh hombre!, recuerda que todo lo que albergues en la cámara más interna de tu corazón, se formará en tu vida exterior. La probabilidad parece formar la superficie de la realidad, pero en el fondo, la fuerza del pensamiento es la que trabaja. Nada en este universo y en el comportamiento diario es meramente accidental, por lo tanto mejora tus pensamientos.

La acción real ocurre en los momentos de silencio. Purificado el pensamiento, revive la forma entera de la vida.

"Has hecho mucho, pero hubieras hecho más de alguna otra manera", le dicen al hombre en voz baja durante el tiempo de reflexión los pensamientos, que se hacen inaudibles cuando estás absorto por el día en tus funciones. Ármate con los pensamientos sublimes.

De ninguna otra manera puede uno llegar directamente al conocimiento de la verdad, más que a través de su propio pensamiento y experiencia. El pensamiento divino reduce siglos de espera y se hace presente a través de todas las edades. Ten pensamientos divinos.

*El poder del pensamiento y el idealismo práctico II*

Limpia los pensamientos bajos, con la ayuda de los pensamientos más elevados y cuando el lavado se haya llevado a cabo, no te aferres a ninguno de ellos. El estado actual de tu experiencia se debe al pensar, sentir y actuar de incalculables vidas pasadas. No puede ser fácilmente deshecho sin un proceso prolongado de práctica de pensamiento.

El pensamiento es el ancestro de la acción. Si deseas mejorar tus acciones debes purificar tus pensamientos. Conviértete en un firme creyente con la autosuficiencia y el auto-esfuerzo. Puedes determinar tu destino por la fuerza de los pensamientos. Igual que las nubes son la principal fuente de lluvia, el control de los propios pensamientos es la fuente de la prosperidad duradera. Tu mismo eres tu amigo o tu enemigo. Te ayudas albergando pensamientos buenos, no hay otro remedio.

La mente es el único creador. Todo ha sido creado por la mente. Es absolutamente libre de crear un mundo para sí misma. Siempre que se hable de la mente como la creadora de los objetos externos, debe ser considerada como la mente cósmica y una parte de "Isvara Srishti".

Siempre que se hable de la mente en relación con las funciones psicológicas, tales como el amor y el odio, etc, debe ser considerada como la mente individual y como parte de "Jiva Srishti".

¡Oh hombre! El verdadero Dios vive en tu corazón, y la única manera de adorar al verdadero Dios que reside en el templo de tu cuerpo es por tus propios pensamientos sublimes. Detén las funciones psicológicas de tu mente y valora sólo a los pensamientos sublimes.

La naturaleza de las cosas a tu alrededor, es como tu piensas que es. Tu vida la haces tú con tus pensamientos. Los pensamientos son los ladrillos donde se apoya la construcción de tu personalidad. El pensamiento determina el destino. El mundo que te rodea es el reflejo de tus pensamientos.

Tus experiencias son como tu piensas. Tu propia imaginación te causa los estragos. Te has hecho a ti mismo tímido por mantener pensamientos de miedo. No te debes quedar en la imaginación liberal.

Te ves afectado por las cosas, sólo de acuerdo con tu idea sobre ellas. La mente valora sólo aquello en lo que tiene fe intensa. A pesar de que todos veis el mismo objeto, cada uno le atribuye valores diferentes. De acuerdo con tus inclinaciones mentales así piensas.

El pensamiento es un instrumento creativo, el hombre se convierte en aquello sobre lo que piensa y así su carácter se ha formado. Naces con lo que has pensado antes, y tu carácter actual es un índice de tus pensamientos anteriores.

Tú creas tu futuro con tus pensamientos de ahora, si piensas noblemente, será noble tu conducta. Si piensas vilmente ningún ambiente te hará diferente. Por lo tanto, los pensamientos y acciones son interdependientes. Estate alerta y permite que haya sólo pensamientos buenos en tu campo mental.

Cada uno de vosotros tiene una concepción diferente del deber, el valor, el disfrute y la liberación, de acuerdo con sus diferentes convicciones y después os esforzáis en lograr vuestro propio ideal.

Trabajáis de acuerdo con vuestro pensamiento desde hace mucho tiempo, intensificado por la creencia, para lograr y alcanzar el objeto de vuestro propio deseo. No dejéis que vuestra mente se convierta en algo más y más denso, lo que la permitirá ser absorbida por las formas graves. Seguid el proceso de abstracción al cuidar los pensamientos de la virtud.

Tu vida actual tiene tres aspectos: físico, mental y espiritual. Estás atado a la parte física, pero si estás por encima de las sensaciones físicas y otros apetitos, adoptando los pensamientos de que no eres el cuerpo solo, que estás residiendo en el templo de un cuerpo por un período de tiempo corto, estarás por encima de ondulaciones mentales. Las funciones subjetivas operan en el mundo del pensamiento.

Envia un flujo constante de pensamiento y de buena voluntad a toda la creación. El motivo que haya detrás de cada pensamiento energizante debe ser el servicio y amistad.

Eres sensible, hábil y diestro, y conoces trucos, pero hay una ley irresistible, que refuta tus pensamientos y talentos. Así que no trates de ser parcial, a media luz. Esta ley obliga a todos a pasar por lo que son.

Tus pensamientos hablan de tu carácter y no tu lengua. No trates de crear una personalidad artificial. Se genuino y limpio en tus pensamientos.

La corriente de pensamiento fluye en dos direcciones. Cuando está fluyendo hacia el bien, lo hace por la libertad y el conocimiento. Cuando está fluyendo hacia el torbellino de la existencia, hacia abajo, hacia la no discriminación, entonces fluye hacia el mal. La facultad de pensar, llega a su cumbre en la luz, cuando se actúa de acuerdo a las normas éticas.

Tú eres el centro del pensamiento individual, de la voluntad individual y del sentimiento individual.

El encanto del tiempo y el lugar te presenta escenas celestiales que se desvanecen como ilusiones ópticas. Te has permitido repetidamente a ti mismo ser engañado por ellos, es por eso que tu pecho se entrecorta por la fricción de los suspiros.

Tu poder de discriminación se va secando por el fuego del conocimiento y la meta espiritual se lleva a cabo antes. Cuán rápido o cuán lentamente te muevas hacia ella, dependerá de tus pensamientos.

Mantente unido con tus pensamientos más elevados y lograrás ese objetivo, en el que has tenido muchos fracasos. Conviértete en un no-buscador de fines personales y de gloria. La muerte no es fácil que se acerque a ti, si no llevas en tu seno un collar de pensamientos viciosos.

La felicidad que se deriva de la cultura de la mente, supera incluso la prosperidad de los tres mundos, o la posesión de todo tipo de joyas, o la adquisición de un alto cargo.

Tu mente es omnipotente. Es capaz de lograr todo. Como te imaginas dentro de tu mente las cosas, suceden de inmediato. Por la reflexión en tu mente, todo se intensifica, viene a materializarse y ocurre.

Tu pensamiento está dotado de poder creador. Puede evolucionar a objetos a partir de sí mismo. Es el único creador. Nada volverá a ser creado o recreado sino a través de la mente.

El pensamiento es el material del que están hechas las cosas. Toda la materia no es más que la materialización de la conciencia.

Ningún otro ser es responsable de lo que tu adquieres, puesto que todo es la consecuencia de tu pensamiento.

La causa de todo lo que viene a ti en tu vida, está dentro de ti. Ningún otro agente puede otorgarte favores, a menos que los merezcas. Lo que se obtiene a través de otros, es el resultado de tus propios pensamientos y esfuerzos.

No hay nada en el mundo que no se puede lograr, cuando tus pensamientos están fluyendo en la dirección correcta.

No debes convertirse en un pesimista ni un misántropo.

El poder creativo es el privilegio de cada mente. Tus propios esfuerzos guiados por tu aspiración son la urdimbre y la trama de tu destino. No poseas una mente disipada, albergando pensamientos débiles. Una mente superficial no puede adquirir la profundidad de penetración.

Controla la mente errante manteniendo un flujo de pensamiento. Todo lo que se intensifica por la atención de tu pensamiento, vendrá a ti tarde o temprano, de acuerdo con el esfuerzo que hayas puesto en marcha para adquirirlo.

La extensión del espacio, así como la duración del tiempo son relativos a tus pensamientos y emociones. Experimentas lo que piensas. Si un momento lo imaginas como un largo período de tiempo, lo experimentarás como tal, y viceversa. El mismo período de tiempo se experimenta como largo cuando estás en problemas, y como un pequeño momento cuando eres feliz. Tal es el poder de pensamiento que se experimenta como dulce o amargo y viceversa.

Por el pensamiento intenso puedes convertir el veneno en néctar. Piensa en "Mira", que volvió el veneno en néctar por la intensificación de sus pensamientos.

Estás rodeado por las fuerzas del antagonismo, pero si no hay pensamientos de antagonismo en ti, puedes hacer una bendición de una maldición. Así puedes controlar todas las fuerzas del antagonismo.

El mundo que te rodea es sólo lo que crees que es. Tus percepciones están coloreadas por tus pensamientos. Tu mente percibe y continúa percibiendo las cosas de esa misma forma en la que se imagina que es con plena fe.

Pasa a través de la armadura de acero de los pensamientos sesgados, y trata de ver la divinidad en cada objeto. Sólo con el pensamiento caes en el engaño, te sometes a la experiencia del nacimiento y la muerte, estás obligado en el mundo y serás liberado de él.

Todos los estados de felicidad o la miseria en el cielo o el infierno, son los efectos de tus propios pensamientos.

Temprano o tarde, en esta vida o en vidas futuras, todos los pensamientos se harán realidad. Por lo tanto, discrimina muy bien.

Tu estado actual ha sido querido por tus pensamientos. Puedes cambiar del estado actual a otro por tus propios pensamientos.

Si crees que estás separado de lo Absoluto, eso será así. Si piensas que tu mismo eres Brahman, así será. Tu te limitas por tus pensamientos.

Con cada pensamiento divino, la mente rasga las delgadas capas de lo visible y lo finito y sale a la eternidad, por lo que, no seas negligente en tu fábrica mental.

*El poder del pensamiento y el idealismo práctico III*

Tu destino está trazado por tus pensamientos. Sólo tienes tanto poder como te imaginas que tienes. El mundo que te rodea es como tu has querido que sea.

Estás viviendo en un océano infinito de energía y alegría, pero sólo es el apropiado en la medida que piensas, crees e imaginas que lo es. Debido a ciertas propensiones que aprecian ciertos pensamientos y que permites a tu mente a fomentar. Sin embargo, por la discriminación, es fácil renunciar a la fantasía de la mente.

El límite de tu pensamiento es el límite de tus posibilidades. Tus circunstancias y los ambientes son la materialización de tus pensamientos. La experiencia en el mundo aumenta o disminuye de acuerdo con tus pensamientos.

Lo que una mente pura está firmemente convencido de que es así, pronto se convierte en realidad. Tus pensamientos son poderosos en proporción a su intensidad, profundidad y calidez. Se convierten en realidad cuando están siendo constantemente acariciados una y otra vez.

El pensamiento constante, con el deseo o la imaginación de la misma idea contribuye mucho a la materialización de esa idea.

Desarrolla una mente pura y los objetos, sean los que sean y los mundos, que deseas conseguir, los ganarás.

Es cierto que cada pensamiento que pensamos tiene su efecto correspondiente en la totalidad o una parte de la anatomía humana. El cuerpo físico se hace sutil a través de la meditación constante en su modo de ser. El cuerpo mental o sutil se convierte en físico cuando es repetidamente imaginado. El secreto del éxito la constancia y el esfuerzo repetido.

Desarrolla una fuerte determinación. Es un factor importante que contribuirá a la realización de tus pensamientos. No hay nadie que sea capaz de resistir el poder de una mente decidida, que puede darse cuenta de todo.

Tu cuerpo es tu pensamiento objetivado. Cuando tus pensamientos cambien, tu cuerpo también va a cambiar. La mente crea el cuerpo a partir del material de sus propios pensamientos. El pensamiento es una fuerza que puede cambiar, transformar, o al menos modificar, casi cualquier cosa en el sistema humano.

Al desorden y la falta de armonía del cuerpo físico, se le llama una enfermedad física y al conflicto de la mente, se le llama una enfermedad mental. Ambos tienen su última raíz en la ignorancia y se pueden curar sólo por el conocimiento de la realidad.

Cuando te preocupas por las experiencias del mundo, un trastorno mental depresivo se origina en tu mente. Por el efecto de la perturbación mental, el flujo regular de fluido de las corrientes vitales se altera. Cuando el flujo de las corrientes vitales se produce incorrectamente, los "nadis" se desorganizan. Algunos de ellos obtienen más energía vital y otros menos. Por lo tanto, todo el sistema queda fuera de servicio. De esta manera la desarmonía mental es la causa de las enfermedades físicas, que pueden ser curadas sólo mediante la eliminación de la causa.

Cada pensamiento deprimente y preocupante que entra en tu cerebro, tiene un efecto deprimente en cada célula de tu cuerpo, y tiende a producir la enfermedad. Todos los pensamientos negativos son los precursores de la enfermedad, y son mensajeros de la muerte.

Si quieres vivir mucho tiempo y llevar una vida sensata y saludable aprecia los buenos pensamientos. Sutiles y potentes son las influencias de las ideas en la construcción y reconstrucción de tu cuerpo. Estate atento.

Prácticamente todas las enfermedades y sus sufrimientos, tienen su origen en estados mentales y condiciones emocionales pervertidos. La restauración de la armonía mental es absolutamente necesaria para ti.

Purifica tus pensamientos mediante la realización de acciones nobles y por la asociación con los sabios. Cuando tus pensamientos se purifican las corrientes vitales comienzan a fluir adecuadamente y se va a limpiar todo el sistema.

Cada buen pensamiento estimula el corazón, mejora el sistema digestivo y promueve la acción normal de cada glándula.

La satisfacción es otro nombre para la armonía de la mente. Cuando tus pensamientos no se desvían hacia este o aquel objeto, y cuando te sientes satisfecho de ti mismo, te encuentras en un estado de alegría que es único. Si eres feliz por dentro, todo te parece bueno y agradable.

Los pensamientos son la principal fuente de tu alegría. Purifica tus pensamientos y todos los problemas se curarán.

Si estás albergando pensamientos pacíficos, el mundo te parecerá bueno, pero si los pensamientos negativos se han extendido en tu reino, entonces, el mundo te parecerá ser un horno caliente.

Ninguna circunstancia te obliga a valorar los malos pensamientos. No te arruines por tu imaginación del destino. No tiene realidad propia.

El pensamiento es capaz de revelar la realidad. Impulsado por pensamientos correctos el hombre sabio es capaz de salir de la mayoría de las situaciones peligrosas. Toda la realidad está presente en toda su potencia en todas partes, así que lo que se intensifica en pensamiento de cualquier lugar se puede experimentar allí.

La naturaleza esencial de todos los objetos son los pensamientos. La materialidad es una idea equivocada. Igual que la nieve se derrite en agua por el calor, la mente se vuelve sutil a través de la práctica de la visión correcta y de los pensamientos positivos. La acción real se piensa solamente. La realidad es mental y no física. La acción física es sólo una expresión externa de la acción real, que es la vibración de la voluntad en la mente. Tus actividades físicas son solamente los diversos aspectos de tus actividades mentales.

Igual que la belleza de un árbol aumenta enormemente en la temporada de primavera, así también tu fuerza, tu inteligencia y brillo, aumentará en proporción a tus pensamientos positivos.

Los pensamientos de los sabios son totalmente diferentes de los pensamientos de la gente común.

Tu estás liberado en proporción a tus pensamientos de indiferencia hacia el mundo.

Cuando los pensamientos de pureza emanan a tu alrededor, la Ley Eterna comienza a apoyarlos. Eres consciente de tus pensamientos y sólo sabes lo que ha sucedido en tu propia experiencia.

En cada uno de vosotros por separado, ha surgido la experiencia del mundo, tenéis una mente limitada que está sujeta a varios tipos de estados y circunstancias.

*Algo sobre los pensamiento semillas*

El conocimiento verdadero es la conciencia espiritual. Es la conciencia de la verdadera naturaleza. El conocimiento significa el discernimiento correcto o la correcta evaluación, la sabiduría y una perfecta comprensión de uno mismo y de los demás. Un pensamiento correcto, lleva a la acción correcta y a la vida correcta.

La belleza es esencialmente espiritual. La verdadera belleza está en el corazón de uno. Es el carácter de uno. La belleza mora en la pureza. La belleza brilla en las virtudes. El amor es un refinado sentido, innato a la unidad con toda la creación. El amor es la abnegación, el desinterés.

El amor es sagrado de corazón. El amor es la buena voluntad sin límites, la misericordia, la compasión y la tolerancia. El amor es la ausencia de la sensualidad.

El cuerpo no lo es todo. Hay algo que es de vital importancia, que habita en el cuerpo. Es el espíritu del hombre. Aunque idéntico al Espíritu cósmico, es individualizado por los "karmas" del alma individual. El cuerpo muere, el espíritu vive. La individualidad del espíritu existe mientras el cuerpo aguante, entonces debería volver a disolverse en su fuente original, a menos que, por supuesto, se dibuje de nuevo por sus karmas asociados a otro modo de realización, a fin de renacer.

Todo pasa. Nada acompaña al hombre, excepto sus karmas, cuando el cuerpo es desechado. Por lo tanto, siempre y cuando el hombre viva, debe vivir de forma amistosa, con amor y buena voluntad hacia todos, sin perjudicar a nadie de ninguna manera, sin codiciar las riquezas del mundo, con más caridad y bondad mental, con perdón y tolerancia, con desapego a los objetos mundanos, y con la disociación del yo a partir de las propias acciones, teniendo cuidado de no adquirir nuevos karmas mientras trabaja los ya consumados.

Con un poco de la alegría, discriminación, devoción a Dios y la auto-entrega a Su Voluntad, con un poco de desapego y con no esperar nada de nadie, con una actitud de espíritu de oración y cumpliendo con los dictados de la conciencia de la fe inquebrantable en principios espirituales y códigos de conducta, y con la evaluación, la vida se vuelve más fácil, más digna y más feliz.

Si tienes dificultades, deberías mirar a la causa primera. El problema real radica en ignorar la causa. Si la causa se resuelve, las dificultades se hacen menores, o accidentales.

El mundo es una gran escuela donde a las personas se les da muchas oportunidades para repararse y convertirse en mejores personas.

Nadie nace perfecto. Hay posibilidades para todos de mejorar por sí mismos. Las pruebas y las dificultades deben hacer de uno, una mejor persona, en lugar de crear complejos y constreñir la mente y el corazón.

Toma refugio en los pensamientos grandes y nobles, y obtén la perfección.

La gracia del Gurú está siempre con el discípulo, sin reservas e incondicionalmente. Depende, sin embargo, de la auto-disciplina, la fe y la pureza del discípulo, la posibilidad de hacer uso de esta gracia o no.

El gurú reside en los corazones de sus discípulos. Algunos son conscientes de ello y otros no lo son. La presencia viva del Gurú interior es el mejor activo del discípulo.

## Capítulo XI
## El poder del pensamiento y la realización de Dios

*La vida es un juego de los pensamientos*

El pensamiento que tengas, se manifestará en tu vida. Si eres valiente, alegre, compasivo, tolerante y amable, estas cualidades se manifiestan en tu vida física.

La única impureza de la mente son los pensamientos y deseos bajos.

Cuida tus pensamientos buenos como un vigilante alerta guarda un tesoro. Cuando el pensamiento del "yo" desaparezca, entonces no habrá ningún otro pensamiento.

La vida es un juego de pensamientos. La dualidad cesa cuando la mente deja de funcionar. El pensamiento está limitado por el factor tiempo. El pensamiento debe cesar. Sólo entonces podrás alcanzar el Eterno. Estate quieto.

Que todas las olas del pensamiento desaparezcan y en esa quietud, cuando la mente se funde, resplandece el Atman auto-refulgente, la conciencia pura. Observa la mente, los pensamientos y prosigue la serenidad. Haz de tu corazón una morada digna del Señor.

*El pensamiento en la experiencia espiritual*

El oro fundido, que se vierte en un crisol asume la forma del crisol. De la misma forma, la mente asume la forma del objeto que lo impregna.

La mente asume la forma de cualquier objeto sobre el que piensa intensamente. Si se piensa en una naranja, asume la forma de una naranja. Si se piensa en el Señor Krishna, asume la forma del Señor Krishna. Tienes que entrenar la mente correctamente, y darle el alimento "Sáttvico" adecuado para su asimilación. Ten un fondo "Sáttvico" de pensamiento o imagen mental.

Los mismos pensamientos que son mantenidos por un hombre durante el día, ocupan su mente también durante el sueño. Si tienes pureza y concentración, puedes hacer que tu mente asuma cualquier "Bhava" que te guste. Si piensas en la misericordia, todo tu ser se saturará de misericordia. Si piensas en la paz, todo el ser se impregnará con la paz.

Es el "Bhava" mental o actitud lo que determina la naturaleza de una acción y trae sus frutos. Puedes abrazar a tu madre, tu hermana o su esposa y la acción es la misma pero el "Bhava" mental es diferente.

Disfruta de tus "Bhavana", ideas y sentimientos siempre. Tu "Bhavana" debe ser siempre "Sáttvico". Siempre debes entretener a "Brahma-Bhavana".

Ve el "Bhavana" durante la meditación. Es necesario observar la respiración.

Los pensamientos que crea tu mente y las imágenes que se forman en tu vida diaria, te ayudarán a saber lo que eres o lo que quieres llegar a ser. Si piensas constantemente en el Señor Krishna, te convertirás en idéntico con el Señor, permanecerás en Él para siempre.

*Los pensamientos de Dios*

Tu mente debe estar vacía de todos los pensamientos mundanos. Debe estar llena de pensamientos de Dios y con nada más.

Mantén tu mente llena de buenos pensamientos divinos, sublimes y elevados, de modo que no haya espacio para los malos pensamientos. Nunca digas cualquier palabra innecesaria y nunca permitas que cualquier pensamiento innecesario o inútil ocupe tu mente.

*Los pensamientos divinos para liberarse de las enfermedades*

La mejor medicina o panacea para todas las enfermedades y para mantener una buena salud, es mantener los pensamientos divinos. Las ondas liberadas por los pensamientos divinos, por "Kirtan", "Japa" y la meditación regular, electrifican, rejuvenecen, vivifican y energizan las células, tejidos, y nervios.

Otro fármaco barato y potente, es mantenerse a sí mismo siempre alegre y jovial. Estudia la Gita todos los días, uno o dos capítulos y su significado. Mantenerse completamente ocupado, es un remedio para alejar los pensamientos de lo mundano.

Llena tu mente con "Sattva" y disfruta de una salud maravillosa y de la paz. Cultiva la asociación con los sabios, la fe, la serenidad, la veracidad, las virtudes, la valentía, la piedad, la devoción, el amor, la alegría, la confianza, el pensamiento divino y lo divino.

Permite que la mente funcione en la dirección espiritual, en los surcos divinos, y tu mente será pacífica y generará vibraciones armónicas. Podrás disfrutar de una excelente salud mental y no tendrás ninguna enfermedad física.

*La cultura del pensamiento por el conocimiento y la devoción*

Siéntate en un lugar solitario y observa tus pensamientos cuidadosamente. Deja que la mente de mono salte a su manera durante algún tiempo. Después de algún tiempo parará y se mantendrá en calma. Sé un "Sakshi" o testigo de los pensamientos diversos en el circo o show eterno. Conviértete en un espectador de la película mental.

No te identifiques con los pensamientos. Toma una actitud indiferente. Todos los pensamientos morirán por sí mismos, uno por uno.

Repite mentalmente: "Om, soy Sakshi. ¿Quién soy yo? Yo soy el Atman irreflexivo. No tengo nada que ver con estas imágenes mentales ni los pensamientos falsos. Que rueden. No tengo ninguna preocupación hacia ellos" y todos los pensamientos perecerán. La mente se apagará como una lámpara de aceite gastada.

Fija la mente en la forma del Señor "Hari", el Señor "Shiva", "Krishna" o en tu gurú o cualquier santo como Buda o Jesús. Una y otra vez intenta llamar a esta imagen mental y todos los pensamientos morirán. Este es otro método, el método de los "Bhaktas".

*Los pensamientos y las prácticas de yoga de la quietud mental*

Siéntate tranquilamente. Discrimina. Disocia los pensamientos y la mente, del principio de pensar o entidad. Identifícate con el yo más profundo y preséntate como un testigo silencioso o "Sakshi" y poco a poco todos los pensamientos morirán por sí mismos. Te convertirás en uno con el Ser Supremo o "Brahman".

Continuar la práctica de la quietud mental, requiere, sin duda, un esfuerzo directo para aniquilar a la mente. Debes aniquilar a los "Vasanas" primero y sólo entonces serás capaz de hacer el "Sadhana" de quietud mental vigorosamente. Sin producir "Vasana-kshaya", no hay quietud mental o es posible la aniquilación de la mente.

*Ganar amigos por la práctica de yoga*

"Gana amigos e influencia en las personas". Este principio de Dale Carnegie, es una parte de un volumen de la India antigua de ciencia psico-espiritual. Practica yoga, y todo el mundo te adorará. Inconscientemente atraerás a ti a todos los seres vivos, incluso los dioses, estarán a tu entera disposición. Incluso entre las fieras y bestias sangrientas vas a "ganar amigos".

Sirve a todos, ama a todos. Despliega tus poderes internos a través de la práctica de Raja Yoga, a través del control y la conquista del poder del pensamiento.

A través de la práctica del yoga, puedes hacer a toda la humanidad y todos los seres vivos, miembros de tu propia familia. A través de la práctica del yoga puedes vencer todas las dificultades y puedes erradicar todas las debilidades. A través de la práctica de yoga, el dolor puede ser transmutado en la felicidad, la muerte en la inmortalidad, la tristeza en alegría, el fracaso en éxito y la enfermedad en perfecto estado de salud. Por lo tanto, práctica yoga con diligencia.

*El estado yóguico de la irreflexión*

Por lo general, no hay un despertar espiritual genuino en los estudiantes, que tienen sólo una mera curiosidad por conseguir ciertos poderes psíquicos o del yoga. Esos estudiantes estarán lejos de Dios, mientras conserven esos deseos ocultos de "Siddhis". Observa estrictamente las normas éticas.

Transforma la naturaleza mundana en primer lugar. Si te quedas absolutamente sin deseos, sin pensar absolutamente, absolutamente sin "Vrittis", si los Vrittis mentales son destruidos en su totalidad, el Kundalini ascenderá por sí mismo, sin esfuerzo, a través de la fuerza de la pureza.

Vacía la escoria de la mente y vas a obtener ayuda desde adentro.

*El yogui que ha desarrollado su capacidad de pensamiento*

El yogui que ha desarrollado su capacidad de pensamiento, tiene una personalidad magnética y encantadora. Los que entran en contacto con él están muy influenciados por su dulce voz, su habla de gran alcance, con sus ojos brillantes, su tez brillante, su cuerpo fuerte y saludable, su buen comportamiento, sus cualidades virtuosas y su naturaleza divina.

La gente obtiene la alegría, la paz y la fuerza de él. Ellos se inspiran en su discurso y obtienen la elevación de la mente por el mero contacto con él.

El pensamiento se mueve. El pensamiento es una gran fuerza. Un yogui o un sabio puede purificar el mundo entero con sus poderosos pensamientos a pesar de que permanezca en una cueva solitaria en el Himalaya.

No es necesario aparecer en un estrado y dar conferencias y discursos para ayudar a la gente. "Sattva" es una actividad intensa, igual que la rueda que gira muy rápidamente parece estar en reposo. Así es "Sattva", así es un hombre "Sáttvico".

*Llega con el pensamiento a la vida fuerza infinita*

La vida es un viaje de la impureza a la pureza, del odio al amor cósmico, de la muerte a la inmortalidad, de la imperfección a la perfección, de la esclavitud a la libertad, de la diversidad a la unidad, de la ignorancia a la sabiduría eterna, del dolor a la felicidad eterna, de la debilidad a la fuerza infinita.

Que cada pensamiento te lleve más cerca del Señor, que cada pensamiento aumente aún más tu evolución.

# Capítulo XII
# El poder del pensamiento para una nueva civilización

*Los pensamientos puros. Su impacto en el mundo*

Los psicólogos y ocultistas occidentales ponen gran énfasis y fuerza, en la pureza de los pensamientos. La cultura del pensamiento es una ciencia exacta. Uno debe cultivar el pensamiento correcto y debe evitar a todo tipo de pensamientos vanos y mundanos.

El que entretiene a los malos pensamientos se causa un gran daño a sí mismo y al mundo en general. Contamina el pensamiento del mundo. Sus malos pensamientos entran en las mentes de otras personas que viven a una larga distancia, porque se mueven con la velocidad de un rayo. Los malos pensamientos son la causa directa de todo tipo de enfermedades. Todas las enfermedades tienen su origen, en un primer momento, a partir de un pensamiento impuro. El que mantiene buenos pensamientos, sublimes y divinos, se hace un bien inmenso a sí mismo y también al mundo y puede irradiar alegría, esperanza, consuelo y paz a sus amigos que viven a una gran distancia.

*El poder del pensamiento para la prosperidad mundial*

Karma es acción y también la ley de causa y efecto. Todos los reinos por debajo del reino humano son 'sin sentido'. Por lo tanto, no pueden generar pensamientos. Además no tienen ni idea de lo correcto e incorrecto, lo que debe hacerse y lo que no debe hacerse y lo que no puede crear karma.

Los pensamientos son cosas sólidas, más sólidas que un terrón de azúcar. Tienen una tremenda fuerza o poder. Utiliza este poder para pensar con cuidado. Te puede servir muy bien en una variedad de maneras, sin embargo, no abuses de este poder de forma aleatoria. Si usas mal esta facultad, tendrás una caída rápida y una reacción terrible. Utilízalo para ayudar a otros.

*El poder del pensamiento para el cultivo del coraje y del amor*

Destruye sin piedad a los pensamientos de temor, a los pensamientos egoístas, a los pensamientos de odio, a los pensamientos lujuriosos, y otros pensamientos mórbidos negativos. Estos malos pensamientos inducen a la debilidad, la enfermedad, la discordia, la depresión y la desesperación. Cultiva pensamientos positivos como la misericordia, el coraje, el amor y la pureza y los pensamientos negativos van a morir por ellos mismos. Prueba esto y siente su fuerza. Los pensamientos puros infundirán en ti una nueva vida exaltada. Los sublime pensamientos divinos producen una enorme influencia en la mente, alejan a los malos pensamientos y cambian la sustancia mental. La mente se transforma totalmente en luz por mantener pensamientos divinos.

*El poder del pensamiento para una vida ideal*

Mantén pensamientos más elevados y serás enaltecido. Tu vida será noble e ideal. Las personas tienen diferentes potencialidades mentales. Las personas varían en su capacidad, mental e intelectual, y en la fuerza física y mental para hacer las cosas. Por lo tanto cada uno debe tener un ideal que se adapte a su temperamento, su capacidad, y lograrlo con gran entusiasmo y acción dinámica.

El ideal de una persona no se adapta a otra. Si tienes un ideal que no se pueda conseguir, un ideal que esté más allá de tu alcance y capacidad, caerás en la decepción. Dejarás el esfuerzo y serás "tamásico". Debes tener tu propio ideal. Puedes darte cuenta en este momento o después de diez años, tras pasos vacilantes. No importa mucho. Todo el mundo debería tratar de esforzarse al máximo para obtener este ideal. Toda la energía, la fuerza y el nervio, se deben poner en juego para la realización de este ideal.

Si no puedes hacerlo, habla con tu guía y él seleccionará de forma automática el ideal que sea adecuado a tu capacidad y nivel.

No debes tratar con desprecio a un hombre, que tenga un bajo ideal. Puede que sea un alma-bebé, que apenas está gateando ahora en su camino moral o espiritual. Tu deber es ayudarle en todas las formas posibles en la realización o el logro de su ideal. Debes darle todo tipo de aliento en su sincero empeño, a la altura de su ideal más elevado.

Es muy lamentable observar que la gran mayoría de las personas no tienen ningún ideal en absoluto, incluso personas cultas que no tienen ningún ideal y que llevan una vida sin propósito y por lo tanto, deambulan de aquí para allá como un pedazo de paja y no hacen ningún progreso en la vida. ¿No es ésta una situación muy triste? ¡Es muy lamentable por cierto!

Es muy difícil conseguir un nacimiento humano y, sin embargo las personas no se dan cuenta de la importancia de mantener un ideal y estar a la altura de ese ideal. La idea de "Comer, beber y ser feliz", es adoptado por los epicúreos, los glotones y la gente rica. Esta escuela de pensamiento tiene innumerables seguidores y su número está aumentando a pasos agigantados todos los días. Este es el ideal de "Virochana", este es el ideal de los "Asuras" y los "Rakshasas", este ideal llevará al hombre a la región oscura de la miseria y el dolor. Bienaventurado el hombre que eleva sus pensamientos, mantiene un ideal y lucha duramente a la altura de su propio ideal, pues pronto alcanzará la conciencia de Dios.

*La energía del pensamiento para el servicio y el progreso espiritual*

Al igual que la energía se desperdicia en habladurías y chismes, así también la energía se desperdicia en entretener pensamientos inútiles. Por lo tanto, no debes perder ni un solo pensamiento. No pierdas ni un ápice de energía en un pensamiento inútil. Conserva toda la energía mental y utilízala para fines superiores espirituales, en la contemplación divina, "Brahma" y "Brahma-Chintana Vichara". Guarda todo la energía del pensamiento y utilízala para la meditación y el servicio de ayuda a la humanidad. Aleja de tu mente todos los pensamientos innecesarios, inútiles y desagradables. Los pensamientos inútiles impiden tu crecimiento espiritual, los pensamientos desagradables son piedras de tropiezo para el avance espiritual. Estás lejos de Dios, cuando mantienes pensamientos inútiles. Sustitúyelos por pensamientos de Dios. Mantén sólo los pensamientos que son útiles. Los pensamientos útiles son los peldaños para el crecimiento espiritual y el progreso. No permitas que la mente funcione por las ranuras antiguas y siga sus propias maneras y hábitos. Estate atento.

*Ayuda a la Humanidad con buenos pensamientos*

Lo semejante atrae a lo semejante. Si mantienes un mal pensamiento, ese pensamiento atrae a todo tipo de malos pensamientos de otras personas. El pensamiento se mueve. El pensamiento es una fuerza dinámica viva. El pensamiento es una cosa. Si permites que tu mente se detenga en un pensamiento sublime, este pensamiento atraerá a los buenos pensamientos de los demás. Si pasas ese pensamiento harás bien a los demás.

Con tus malos pensamientos contaminas el mundo.

*El poder del pensamiento y las condiciones de nueva civilización*

El pensamiento hace al hombre. El hombre hace la civilización. Hay una poderosa fuerza de pensamiento detrás de cada gran acontecimiento en la vida y en la historia del mundo.

Detrás de todos los descubrimientos e invenciones, detrás de todas las religiones y filosofías, por detrás de todos los dispositivos que salvan vidas o las destruyen, hay un pensamiento.

El pensamiento se expresa en palabras y es ejecutado en los hechos. La palabra es la esclava del pensamiento y la acción es el resultado final. Por lo tanto, es cierto el refrán, "Lo que piensas, en eso te conviertes".

¿Cómo construir una nueva civilización?

Mediante la generación de una nueva fuerza de pensamiento.

¿Cómo construir una civilización que garantice la paz de la humanidad, la prosperidad de la sociedad, la salvación del individuo?

Mediante la generación de un pensamiento-fuerza que siempre dará como resultado en el hombre que disfrute de la paz de la mente, que inculcque en el corazón las virtudes divinas de compasión, de servicio a sus semejantes, el amor de Dios, y de un intenso deseo de realizarlo.

Si sólo una fracción de la riqueza y el tiempo gastado en actividades derrochadoras y actividades destructivas se dedicase a la creación de un buen pensamiento, habría una nueva civilización en estos momentos.

Las bombas atómicas y de hidrógeno y una serie de otras invenciones conducen inevitablemente a la destrucción de la humanidad. No sólo hacen perder la riqueza y destruyen a sus vecinos, sino que contaminan la atmósfera de todo el mundo, y generan miedo, odio y la sospecha en el corazón; la mente se desequilibra y el cuerpo se ve sometido a las enfermedades. Detened esta tendencia.

Promoved la investigación en la espiritualidad, la religión, en todas las cosas buenas de la vida. Apoyad a los filósofos y los santos, los verdaderos beneficiadores de la humanidad. Animadlos en su estudio de la religión, investigad en la literatura espiritual antigua, y proyectad una gran fuerza de pensamiento para el bien.

Prohibid toda la literatura que contamine el pensamiento de los jóvenes. Limpiad el cerebro joven con pensamientos sanos, ideas e ideales.

Al hombre que comete un asesinato, al hombre que roba un bolso, al hombre que engaña, la ley lo castiga. Sin embargo, este delito es insignificante en comparación con el delito cometido por el intelectual malvado que infunde una mala idea en la mente de la juventud. Él es el autor de muchos asesinatos que tienen lugar en la tierra, él le roba su mayor riqueza, es decir, la sabiduría,. Él te engaña por la presentación veneno en el nombre del dulce elixir. La ley de la nueva civilización será tratar con rigor a estos seres "Asúricos".

La nueva civilización le dará estímulo a quienes desean estudiar filosofía, de religión y el pensamiento espiritual. Esto hará que su estudio sea obligatorio en las escuelas y colegios. Se otorgarán becas a los estudiantes de filosofía. Se otorgarán premios y títulos para llevar a cabo investigaciones en la religión y la filosofía. El deseo más profundo en el hombre-el impulso espiritual- recibirá el mayor apoyo para lograr su objetivo.

Los frutos de la Nueva Civilización bien valen la pena todo lo que todo el mundo puede hacer para construirla. El hombre de la Nueva Civilización va a querer llevar una vida recta, estará deseoso de servir a sus semejantes y compartir con ellos lo que tiene, va a amar a todos, dándose cuenta de que su propio Ser habita en todos, y se dedicará al bienestar de todos los seres.

¡Será una sociedad ideal, donde la gente compartirá con los demás todo lo que posea, y servirán a todo el mundo!

¿Dónde habrá necesidad de impuestos y derechos en una sociedad en la que todos trabajan voluntariamente para todos?, ¿Dónde estará la necesidad de la policía y el ejército cuando las personas se dedican a la virtud?

Y este es el ideal. Con este fin, que todo el mundo se esfuerce por generar una fuerza de pensamiento para ello. ¡Que Dios os bendiga a todos!

*Swami Sivananda, autor de este libro y de otras 300 obras.*

*Swami Vishnudevananda, fue discípulo de Swami Sivananda y fundador de los "Centros de Yoga Sivananda"*

# CENTROS Y ASHRAMS SIVANANDA EN EL MUNDO

## ASHRAMS

**Sivananda Ashram Yoga Camp**
673, 8th Avenue
Val Morin
Quebec J0T 2R0

CANADA
TEL: +1.819.322.3226
FAX: +1.819.322.5876
E-MAIL: HQ@sivananda.org

**Sivananda Ashram Yoga Ranch**
P.O. Box 195, Budd Road
Woodbourne, NY 12788
U.S.A.
TEL: +1.845.436.6492
FAX: +1.845.434.1032
E-MAIL: YogaRanch@sivananda.org

**Sivananda Ashram Yoga Retreat**
P.O. Box N7550
Paradise Island, Nassau
BAHAMAS
TEL: +1.242.363.2902
FAX: +1.242.363.3783
E-MAIL: Nassau@sivananda.org

**Sivananda Yoga Vedanta Dhanwantari Ashram**
P.O. Neyyar Dam
Thiruvananthapuram Dt.
Kerala, 695 572
INDIA
TEL: +91.471.2273.093
FAX: +91.471.2272.093
E-MAIL: YogaIndia@sivananda.org

**Sivananda Ashram Yoga Farm**
14651 Ballantree Lane, Comp. 8
Grass Valley, CA 95949
U.S.A.
TEL: +1.530.272.9322
FAX: +1.530.477.6054
USA: 1-800-469-9642
E-MAIL: YogaFarm@sivananda.org

**Sivananda Yoga Vedanta Meenakshi Ashram**
Kalloothu, Saramthangi Village
Vellayampatti P.O., Palamedu (via)
Vadiappatti Taluk, Madurai Dist.
625 503 Tamil Nadu
INDIA
TEL: +91.452. 209.0662
E-MAIL: madurai@sivananda.org

**Sivananda Kutir**
P.O. Netala, Uttara Kashi Dt
(near Siror Bridge)
Uttaranchal, Himalayas, 249 193
INDIA
tel +91.1374.222624/236296
fax +91.1374.224159
E-MAIL: himalayas@sivananda.org

**Sivananda Yoga Retreat House**
Bichlachweg 40
6370 Reith bei Kitzbuhel, Tyrol
AUSTRIA
TEL: +43.5356.67.404
FAX: +43.5356.67.4044
E-MAIL: tyrol@sivananda.net

**Chateau du Yoga Sivananda**
26 Impasse du Bignon
45170 Neuville aux bois
FRANCE
TEL: +33.2.38.91.88.82
FAX: +33.2.38.91.18.09
E-MAIL: Orleans@sivananda.org

## CENTROS

**Centro Internacional de Yoga Sivananda**
Julian Alvarez 2201
CP 1425 Buenos Aires
ARGENTINA
TEL: +54.11.4827.9269 /9566
FAX: +54.11.4827.9512
E-MAIL: BuenosAires@sivananda.org

**Sivananda Yoga Vedanta Zentrum**
Prinz-Eugenstrasse 18
A-1040 Vienna, AUSTRIA
TEL: +43.1.586.3453
FAX: +43.1.587.1551
E-MAIL: Vienna@sivananda.org

**Sivananda Yoga Vedanta Centre**
5178 St Lawrence Blvd
Montreal, Quebec H2T 1R8, CANADA
TEL: +1.514.279.3545
FAX: +1.514.279.3527
E-MAIL: Montreal@sivananda.org

**Sivananda Yoga Vedanta Centre**
77 Harbord Street
Toronto, Ontario M5S 1G4, CANADA
TEL: +1.416.966.9642
E-MAIL: Toronto@sivananda.org

**Centre Sivananda de Yoga Vedanta**
123 Boulevard de Sebastopol
F-75002 Paris, FRANCE
TEL: +33.1.40.26.77.49
FAX: +33.1.42.33.51.97
E-MAIL: Paris@sivananda.org

**Sivananda Yoga Vedanta Zentrum**
Steinheilstrasse 1
D-80333 Munich, GERMANY
TEL: +49.89.52.44.76
FAX: +49.89.52.91.28
E-MAIL: Munich@sivananda.org

**Sivananda Yoga Vedanta Zentrum**
Schmiljanstrasse 24
D-12161 Berlin, GERMANY
tel +49.30.8599.9799
fax +49.30.8599.9797
E-MAIL: Berlin@sivananda.org

**Sivananda Yoga Vedanta**
Nataraja Centre
A-41 Kailash Colony
New Delhi 110 048, INDIA
TEL: +91.11.292 40869 / 292 30962[L1][L2]
E-MAIL: Delhi@sivananda.org

**Sivananda Yoga Vedanta Centre**
House No.18, TC 36/1238
Subhash Nagar
Vallakkadavu PO, Perunthanni,
Trivandrum,
695 008, Kerala, INDIA
TEL: +91.471.245.1398/ 245.0942
FAX: +91.471.246.5368
E-MAIL: Trivandrum@sivananda.org

**Sivananda Yoga Vedanta Centre**
3/655 (Plot No. 131) Kaveri Nagar
Kuppam Road
Kottivakkam, Chennai (Madras) 600 041
INDIA
TEL: +91.44.2451.1626/ 2451.2546
E-MAIL: Chennai@sivananda.org

**Sivananda Yoga Vedanta Centre**
Plot # 23, Dr Sathar Road
Anna Nagar, Madurai 625 025
Tamil Nadu, INDIA
TEL: +91.452.252.1170
FAX: +91.452.539.3445
E-MAIL: maduraicentre@sivananda.org

**Sivananda Yoga Vedanta Centre**
6 Lateris St., Tel Aviv 64166, ISRAEL
tel +972.3.691.6793

fax +972.3.696.3939
E-MAIL: TelAviv@sivananda.org

**Centro de Yoga Sivananda Vedanta**
Calle Eraso 4
E-28028 Madrid, SPAIN
TEL: +34.91.361.5150
FAX: +34.91.361.5194
E-MAIL: Madrid@sivananda.org

**Centre Sivananda de Yoga Vedanta**
1 Rue des Minoteries
CH-1205 Geneva, SWITZERLAND
TEL: +41.22.328.03.28
FAX: +41.22.328.03.59
E-MAIL: Geneva@sivananda.org

**Asociacion de Yoga Sivananda**
Acevedo Diaz 1523
11200 Montevideo, URUGUAY
TEL: +598.2.401.09.29 / 401.66.85
FAX: +598.2.400.73.88
E-MAIL: Montevideo@sivananda.org

**Sivananda Yoga Vedanta Centre**
51 Felsham Road
London SW15 1AZ
UNITED KINGDOM
TEL: +44.20.8780.0160
FAX: +44.20.8780.0128
E-MAIL: London@sivananda.org

**Sivananda Yoga Vedanta Center**
1246 Bryn Mawr
Chicago, IL 60660, USA
TEL: +1.773.878.7771
FAX: +1.773.878.7527
E-MAIL: Chicago@sivananda.org

**Sivananda Yoga Vedanta Centre**
243 West 24th Street
New York, NY 10011, USA
TEL: +1.212.255.4560
FAX: +1.212.727.7392
E-MAIL: NewYork@sivananda.org

**Sivananda Yoga Vedanta Center**
1200 Arguello Blvd
San Francisco, CA 94122, USA
TEL: +1.415.681.2731
FAX: +1.415.681.5162
E-MAIL: SanFrancisco@sivananda.org

**Sivananda Yoga Vedanta Center**
13325 Beach Avenue
Marina del Rey, CA 90292, USA
TEL: +1.310.822.9642
E-MAIL: LosAngeles@sivananda.org

Otras obras de yoga publicadas en esta editorial:

**Swami Sivananda**
*El pensamiento y su poder*
*Shirmad Bhagavad Guita*
*Concentración y meditación*
*La ciencia del Pranayama*
*Senda divina*
*Caminos seguros para el éxito*
*Iluminación*
*Autobiografía*
*Bhagavad Gita*
*La filosofía de los sueños*
*La esencia del yoga*
*Así piensa Swami Sivananda*
*Pensamientos sobre las doce virtudes*

**Swami Durgananda**
*Yoga sutras de Patanjali*

**Swami Vivekananda**
*Autorealización con el yoga*
*Bhakti yoga*
*Jnana yoga*
*Karma yoga*
*Raja Yoga*
*El Ramayana, el Mahabarata y el Bhagavad Guita, epopeyas de la India.*
*Vedanta práctica*

**Swami Abhedananda**
*Amor desinteresado, Jesús a la luz del vedanta*
*Atma Jana*
*Desarrollo espiritual*
*La reencarnación según el Vedanta*
*La inmortalidad del alma según el Vedanta*

**Swami Ritajananda.** *Introducción al Vedanta Advaita*
**Sankara.** *Viveka Chudamani (La joya suprema del discernimiento)*
**Arthur Avalon.** *Los chakras y el poder serpentino*
*Shakti y Shakta. El tantra, sus orígenes, su doctrina y sus rituales*
**Alicia Souto.** *Los orígenes del Hatha Yoga (Edición bilingüe comentada, traducida del sánscrito directamene)*
**Heinrich Zimmer.** *La filosofía Shamkya y el yoga*
**Narayana. Hitopadeza.** *Antiguas fábulas hindúes*
*Antiguas fábulas hindúes sobre la guerra y la paz.*
**Norberto Tucci.** *Cuentos indios de príncipes y princesas*
*Cuentos y proverbios indios (ilustrados a color)*
*Upanishads*
**Pauther y G. Brunet.** *Los himnos mágicos del Rig-Veda*
**Rabindranath Tagore.** *Sadhana. La vía espiritual*
*Cuentos en la India*

**A. Besant.** *Bhagavad Guita (colección bolsillo)*
**A. Besant y F. Hartman.** *Bagavad Gita explicado*
**Abhaya Chaitanya.** *En las horas de meditación*
**Bernard, Theos.** *El auténtico Hatha yoga*
**Christine McArdle Oquendo.** *Om Shree Om. Yoga para niños*
**Gandhi, Mahatma.** *Bhagavad Gita, con los comentarios y notas de Gandhi*
    *Las claves de la salud*
**Luis Jacolliot.** *India, la cuna de la civilización occidental*
**Ramacharaka.** *Filosofía del yoga en 14 lecciones*
    *Hidroterapia yogui*
**Ramiro Calle.** *Sabiduría de los grandes yoguis*
    *Aprende meditación*
    *Aprende yoga fácil, rápido y seguro*
    *Chakras, Kundalini, Kundalini yoga*
    *Yoga mental y meditación*
    *El Yoga y sus secretos*
    *Yoga en casa con Ramiro Calle*
**Georges Strehly.** *Las leyes de Manú*
**Arthur Avalon.** *El poder serpentino y los chakras*
    *Shakti y Shakta. El Tantra, sus orígenes, su doctrina, sus rituales y el yoga tántrico*

Este es un libro de *Editorial ELA*:

Editorial Ela
@ela.editorial
@Elaeditorial
Editorial ELA

www.libreriaargentina.com

La Librería Argentina se funda en Madrid en el año 1964, siendo la primera librería especializada en libros para el bienestar y el crecimiento personal que surge en España. Debe su nombre a que en aquellos tiempos la mayor parte de los libros de estos temas, son editados en Argentina y de allí se importaban.

Años después se crea el sello E.L.A. para seguir poniendo a disposición del público las últimas tendencias y no olvidarse de los más clásicos y tradicionales libros.

**REALIZADO E IMPRESO EN ESPAÑA**

**PRODUCIDO CON PAPEL DE LA C. E.**

El papel utilizado para la impresión de nuestros libros, ha sido fabricado a partir de madera procedente de bosques y plantaciones gestionadas con los más altos estándares ambientales, garantizando la explotación sostenible de los recursos y la armonía con el medio ambiente, siendo esta gestión beneficiosa para el planeta y para los seres humanos y contribuyendo al cuidado de los bosques y a la reforestación mundial. Por cada árbol cortado para hacer papel, se han plantado cuatro árboles.